P9-AQV-352

Demi Michelan

201 RUSSIAN VERBS

FULLY CONJUGATED IN ALL THE TENSES

Alphabetically arranged

Patricia Anne Davis, Ph.D.

Formerly

Assistant Professor
Department of Slavic Languages
University of Pennsylvania

BARRON'S

BARRON'S EDUCATIONAL SERIES

New York • London • Toronto • Sydney

© 1968, 1970 *by* Barron's Educational Series, Inc.

All rights are strictly reserved.
Todos Derechos Reservados.
No part of this book may be reproduced in any form, by mimeograph or any other means, without prior written permission from the publisher.

All inquiries should be addressed to:
Barron's Educational Series, Inc.
250 Wireless Boulevard
Hauppauge, New York 11788

Library of Congress Catalog Card No. 67–26140

International Standard Book No. 0-8120-0271-7

PRINTED IN THE UNITED STATES OF AMERICA

123 510 31 30 29

PREFACE

MANY NEW MANUALS on the Russian language have been published in this country during the last ten years. Nevertheless, the teacher of Russian still does not have available the wide choice of textbooks which teachers of French, Spanish, and German have. There are serious gaps in the textbook description of Russian grammar. *201 Russian Verbs* fills one such gap by supplying a systematic survey of Russian verbal morphology. Its publication is most welcome. [To be sure, Soviet and European handbooks of verb morphology have been published. They are, however, difficult to obtain for classroom use in this country. The supply of Soviet textbooks is notoriously subject to the notice 'out of print'.]

201 Russian Verbs is designed for use on all levels of instruction. It can be employed in a beginning high-school or college Russian course. On the other hand, it can also be used at advanced levels. Even advanced students are often uncertain, for example, of the stress in the past tense of monosyllabic verbs. The inclusion of participial forms is to be welcomed. Such forms are used very often in literary Russian, and the student should be thoroughly familiar with their morphology.

Aspectual pairs are treated consistently and clearly. Careful attention is paid to determine and indeterminate verbs. The reader should examine the Introduction carefully in order to understand the system used in the index to cross-reference related verbs.

The verbal system constitute one of the salient differences between Russian and English. Such differences cause great difficulties when Americans study Russian. This clear, practical manual will help our students overcome the difficulties arising from the morphology and accentuation of the Russian verb.

The major sources of morphological, aspectual, and accentual data used in this book are the following: S. I. Ozhegov, *Slovar' russkogo jazyka* (Moscow, 1960); L. I. Pirogova and S. L. Makarova, *Conjungation of Russian Verbs* (Moscow, n.d.); Daum and Schenk, *Die russischen Verben* (Leipzig, 1965). The verbs were selected on the basis of the vocabularies used in three well-known textbooks of beginning Russian.

Patricia Anne Davis is the former director of undergraduate Russian instruction in the Department of Slavic Languages at the University of Pennsylvania. In 1967, she participated in the Summer Exchange of Language Teachers with the Soviet Union and spent ten weeks at Moscow University. In 1968 she served as the Chairman of the College Methodology Section at the annual meeting of A.A.T.S.E.E.L. Dr. Davis is well qualified to be the author of *201 Russian Verbs*. (It is a pleasure to greet its publication.)

Morton Benson

INTRODUCTION

THE RUSSIAN VERB has always presented a great deal of difficulty to the American student. And yet, it seems, this should not be so, for many of the difficulties encountered in the verbal systems of other languages are not found in Russian. No Russian verb has more than three tenses of the indicative and one subjunctive, the imperative and perhaps four or five participial forms. There are only two conjugational patterns, and only five verbs whose forms differ so much from these patterns that they must be considered irregular.

This very simplicity may contribute to the difficulty experienced by the student, for grammar books rarely contain more than one fully conjugated sample verb for each conjugational pattern. The student is presented with rules for the formation of various verbal forms and must apply these rules to each verb as he meets it. For many students it is easier to proceed from specific examples to rules. It is these examples that this book attempts to provide. It includes 201 of the most common Russian verbs with complete conjugations and participles.

The arrangement on each page is as simple as possible in order to facilitate learning. At the top of each page both imperfective and perfective infinitives are given. The verbs are listed in alphabetical order according to the imperfective infinitive. If a student needs to know the conjugation of a perfective verb, he must look it up in the index where its imperfective infinitive is listed.

Many Russian verbs are formed by the addition of a prefix to a basic verb. Not all of these prefixed forms are conjugated here. Generally only one such verb is conjugated, and those with different prefixes are listed in the index with a cross reference to the conjugated verb.

Reflexive infinitives are listed at the top of some pages below the non-reflexive ones. This has been done only if the reflexive form is one that will be met frequently by the student and has a meaning somewhat different from the non-reflexive form. The conjugation of such reflexive verbs is identical to that of the non-reflexive verb with the addition of the reflexive particle. It must be borne in mind, however, that reflexive verbs do not have passive participles.

A discussion of the morphology of the verb is not within the scope of this book. For usage of aspects, tenses and participles, a grammar book must be consulted. However, a special word of explanation must be given for the verbs of motion. These verbs have two imperfective infinitives – indeterminate and determinate – which are conjugated together on the same page. A perfective infinitive is also listed at the top of the page but not conjugated. The perfective infinitive is followed by a second perfective infinitive with a different prefix but identical conjugation. The second verb is conjugated in full on its proper page.

No treatment of Russian verbs would be complete without some discussion of the participles. An imperfective verb can have a maximum of four adjectival participles and a perfective verb a maximum of two. Only those that occur relatively frequently are included here. The absence of a form from these pages does not necessarily imply its complete non-existence. It may mean only that the given form is rare and unlikely to be met by the student, and that its inclusion would tend to contribute to confusion rather than clarity. For this reason, the past passive participle of imperfective verbs, although it can be formed for many verbs, is included only if it is considered to be in very frequent use. For the same reason, the past-tense adverbial participle is never given for imperfective verbs although theoretically this form quite frequently can be formed.

It should be noted that certain verbal forms do not exist. Perfective verbs do not have present-tense forms or present participles. Intransitive and reflexive verbs do not have passive participles.

All adjectival participles have an adjectival declension. They are given here in the masculine nominative singular form. The other nominative forms are indicated in the sample verb pattern included at the front of the book. Adverbial participles are invariable.

The short forms of the past passive participle are given only if there is a shift of stress. If the masculine and feminine forms only are given, then the neuter and plural forms are stressed like the feminine. If masculine, feminine, and neuter forms are listed, then the plural has the same stress as the neuter. Other short forms are indicated in the sample verb patterns.

The past-tense (perfective) adverbial participle is given for most verbs in two forms – the long form being indicated in parentheses following the short form. If the long form alone is shown, then this is the only form possible.

The subject pronouns are omitted in the conjugations for the sake of simplicity. They are not necessarily omitted in normal Russian usage.

CONTENTS

Introduction v

Sample Conjugation of a Non-Reflexive Verb with Subject Pronouns viii

Sample Conjugation of a Reflexive Verb with Subject Pronouns ix

Abbreviations used in the Text x

201 Russian Verbs Fully Conjugated in all the Tenses 1

English-Russian Index 202

Russian-English Index 209

SAMPLE CONJUGATION OF A NON-REFLEXIVE VERB WITH SUBJECT PRONOUNS

ПРОЩАТЬ / ПРОСТИТЬ

FORGIVE

	IMPERFECTIVE ASPECT		PERFECTIVE ASPECT	
INF.	прощáть		прости́ть	
PRES.	я прощáю	мы прощáем	———	
	ты прощáешь	вы прощáете		
	он			
	она прощáет	они прощáют		
	оно			
PAST	я, ты, он прощáл		я, ты, он прости́л	
	я, ты, она ирощáла		я, ты, она прости́ла	
	оно прощáло		оно прости́ло	
	мы, вы, они прощáли		мы, вы, они прости́ли	
FUT.	я бýду прощáть	мы бýдем прощáть	я прощý	мы прости́м
	ты бýдешь прощáть	вы бýдете прощáть	ты прости́шь	вы прости́те
	он		он	
	она бýдет прощáть	они бýдут прощáть	она прости́т	они простя́т
	оно		оно	
SUBJ.	я, ты, он прощáл бы		я, ты, он прости́л бы	
	я, ты, она прощáла бы		я, ты, она прости́ла бы	
	оно прощáло бы		оно прости́ло бы	
	мы, вы, они прощáли бы		мы, вы, они прости́ли бы	
IMP.	(ты) прощáй		(ты) прости́	
	(вы) прощáйте		(вы) прости́те	

PARTICIPLES

PRES. ACT.	прощáющий, -ая, -ее, -ие	———
PRES. PASS.	прощáемый, -ая, -ое, -ые (прощáем, прощáема, прощáемо, прощáемы)	———
PAST ACT.	прощáвший, -ая, -ее, -ие	прости́вший, -ая, -ее, -ие
PAST PASS.	———	прощённый, -ая, -ое, -ые (прощён, прощенá, прощенó, прощены́)
ADV. PART.	прощáя	прости́в, прости́вши

SAMPLE CONJUGATION OF A REFLEXIVE VERB WITH SUBJECT PRONOUNS

ПРОЩАТЬСЯ / ПРОСТИТЬСЯ

SAY FAREWELL

	IMPERFECTIVE ASPECT		PERFECTIVE ASPECT	
INF.	прощáться		простúться	
PRES.	я прощáюсь	мы прощáемся		
	ты прощáешься	вы прощáетесь		
	он		———	
	она прощáется	они прощáются		
	оно			
PAST	я, ты, он прощáлся		я, ты, он простúлся	
	я, ты, она прощáлась		я, ты, она простúлась	
	оно прощáлось		оно простúлось	
	мы, вы, они прощáлись		мы, вы, они простúлись	
FUT.	я бýду прощáться	мы бýдем прощáться	я прощýсь	мы простúмся
	ты бýдешь прощáться	вы бýдете прощáться	ты простúшься	вы простúтесь
	он		он	
	она бýдет прощáться	они бýдут прощáться	она простúтся	они простя́тся
	оно		оно	
SUBJ.	я, ты, он прощáлся бы		я, ты, он простúлся бы	
	я, ты, она прощáлась бы		я, ты, она простúлась бы	
	оно прощáлось бы		оно простúлось бы	
	мы, вы, они прощáлись бы		мы, вы, они простúлись бы	
IMP.	(ты) прощáйся		(ты) простúсь	
	(вы) прощáйтесь		(вы) простúтесь	

PARTICIPLES

PRES. ACT.	прощáющийся, прощáющаяся, прощáющееся, прощáющиеся	———
PRES. PASS.	———	———
PAST ACT.	прощáвшийся, прощáвшаяся, прощáвшееся, прощáвшиеся	простúвшийся, простúвшаяся, простúвшееся, простúвшиеся
PAST PASS.	———	———
ADV. PART.	прощáясь	простúвшись

ABBREVIATIONS USED IN THE TEXT

adv. part.	adverbial participle
fut.	future tense
I	imperfective aspect
imp.	imperative
inf.	infinitive
P	perfective aspect
past	past tense
past act.	past active participle
past pass.	past passive participle
pres.	present tense
pres. act.	present active participle
pres. pass.	present passive participle
subj.	subjunctive
trans.	transitive

201 RUSSIAN VERBS

RUN

IMPERFECTIVE

	INDETERMINATE		DETERMINATE	
INF.	бе́гать		бежа́ть	
PRES.	бе́гаю бе́гаешь бе́гает	бе́гаем бе́гаете бе́гают	бегу́ бежи́шь бежи́т	бежи́м бежи́те бегу́т
PAST	бе́гал бе́гала бе́гало бе́гали		бежа́л бежа́ла бежа́ло бежа́ли	
FUT.	бу́ду бе́гать бу́дешь бе́гать бу́дет бе́гать	бу́дем бе́гать бу́дете бе́гать бу́дут бе́гать	бу́ду бежа́ть бу́дешь бежа́ть бу́дет бежа́ть	бу́дем бежа́ть бу́дете бежа́ть бу́дут бежа́ть
SUBJ.	бе́гал бы бе́гала бы бе́гало бы бе́гали бы		бежа́л бы бежа́ла бы бежа́ло бы бежа́ли бы	
IMP.	бе́гай бе́гайте		беги́ беги́те	

PARTICIPLES

PRES. ACT.	бе́гающий	бегу́щий
PRES. PASS.	———	———
PAST ACT.	бе́гавший	бежа́вший
PAST PASS.	———	———
ADV. PART.	бе́гая	———

TAKE CARE OF

	IMPERFECTIVE ASPECT		PERFECTIVE ASPECT	
INF.	**бере́чь**		**побере́чь**	
PRES.	**берегу́** **бережёшь** **бережёт**	**бережём** **бережёте** **берегу́т**	———	
PAST	**берёг** **берегла́** **берегло́** **берегли́**		**поберёг** **поберегла́** **поберегло́** **поберегли́**	
FUT.	**бу́ду бере́чь** **бу́дешь бере́чь** **бу́дет бере́чь**	**бу́дем бере́чь** **бу́дете бере́чь** **бу́дут бере́чь**	**поберегу́** **побережёшь** **побережёт**	**побережём** **побережёте** **поберегу́т**
SUBJ.	**берёг бы** **берегла́ бы** **берегло́ бы** **берегли́ бы**		**поберёг бы** **поберегла́ бы** **поберегло́ бы** **поберегли́ бы**	
IMP.	**береги́** **береги́те**		**поберегі́** **поберегі́те**	

PARTICIPLES

PRES. ACT.	**берегу́щий**	———
PRES. PASS.	———	———
PAST ACT.	**берёгший**	**поберёгший**
PAST PASS.	———	———
ADV. PART.	———	**поберёгши**

БЕСПОКОИТЬ / ОБЕСПОКОИТЬ
БЕСПОКОИТЬСЯ / ОБЕСПОКОИТЬСЯ

MAKE UNEASY
BE UNEASY

	IMPERFECTIVE ASPECT		PERFECTIVE ASPECT	
INF.	беспоко́ить		обеспоко́ить	
PRES.	беспоко́ю	беспоко́им		
	беспоко́ишь	беспоко́ите		
	беспоко́ит	беспоко́ят	———	
PAST	беспоко́ил		обеспоко́ил	
	беспоко́ила		обеспоко́ила	
	беспоко́ило		обеспоко́ило	
	беспоко́или		обеспоко́или	
FUT.	бу́ду беспоко́ить	бу́дем беспоко́ить	обеспоко́ю	обеспоко́им
	бу́дешь беспоко́ить	бу́дете беспоко́ить	обеспоко́ишь	обеспоко́ите
	бу́дет беспоко́ить	бу́дут беспоко́ить	обеспоко́ит	обеспоко́ят
SUBJ.	беспоко́ил бы		обеспоко́ил бы	
	беспоко́ила бы		обеспоко́ила бы	
	беспоко́ило бы		обеспоко́ило бы	
	беспоко́или бы		обеспоко́или бы	
IMP.	беспоко́й		———	
	беспоко́йте		———	

PARTICIPLES

PRES. ACT.	беспоко́ящий	———
PRES. PASS.	беспоко́имый	———
PAST ACT.	беспоко́ивший	обеспоко́ивший
PAST PASS.	———	обеспоко́енный
ADV. PART.	беспоко́я	обеспоко́ив(-ши)

БЛАГОДАРИТЬ / ПОБЛАГОДАРИТЬ

THANK

	IMPERFECTIVE ASPECT		PERFECTIVE ASPECT	
INF.	благодари́ть		поблагодари́ть	
PRES.	благодарю́	благодари́м	———	
	благодари́шь	благодари́те		
	благодари́т	благодаря́т		
PAST	благодари́л		поблагодари́л	
	благодари́ла		поблагодари́ла	
	благодари́ло		поблагодари́ло	
	благодари́ли		поблагодари́ли	
FUT.	бу́ду	бу́дем	поблагодарю́	поблагодари́м
	бу́дешь	бу́дете	поблагодари́шь	поблагодари́те
	бу́дет	бу́дут	поблагодари́т	поблагодаря́т
	благодари́ть	благодари́ть		
SUBJ.	благодари́л бы		поблагодари́л бы	
	благодари́ла бы		поблагодари́ла бы	
	благодари́ло бы		поблагодари́ло бы	
	благодари́ли бы		поблагодари́ли бы	
IMP.	благодари́		поблагодари́	
	благодари́те		поблагодари́те	

PARTICIPLES

PRES. ACT.	благодаря́щий	———
PRES. PASS.	———	———
PAST ACT.	благодари́вший	поблагодари́вший
PAST PASS.	———	———
ADV. PART.	благодаря́	поблагодари́в(-ши)

BE ILL / BECOME ILL

	IMPERFECTIVE ASPECT		PERFECTIVE ASPECT	
INF.	боле́ть		заболе́ть	
PRES.	боле́ю	боле́ем		
	боле́ешь	боле́ете		
	боле́ет	боле́ют	———	
PAST	боле́л		заболе́л	
	боле́ла		заболе́ла	
	боле́ло		заболе́ло	
	боле́ли		заболе́ли	
FUT.	бу́ду боле́ть	бу́дем боле́ть	заболе́ю	заболе́ем
	бу́дешь боле́ть	бу́дете боле́ть	заболе́ешь	заболе́ете
	бу́дет боле́ть	бу́дут боле́ть	заболе́ет	заболе́ют
SUBJ.	боле́л бы		заболе́л бы	
	боле́ла бы		заболе́ла бы	
	боле́ло бы		заболе́ло бы	
	боле́ли бы		заболе́ли бы	
IMP.	боле́й		заболе́й	
	боле́йте		заболе́йте	

PARTICIPLES

PRES. ACT.	боле́ющий	———
PRES. PASS.	———	———
PAST ACT.	боле́вший	заболе́вший
PAST PASS.	———	———
ADV. PART.	боле́я	заболе́в(-ши)

ACHE

	IMPERFECTIVE ASPECT	PERFECTIVE ASPECT
INF.	**боле́ть**	
PRES.	———	———
	———	———
	боли́т	**боля́т**
PAST	(он) **боле́л**	
	(она) **боле́ла**	
	(оно) **боле́ло**	
	(они) **боле́ли**	
FUT.	———	———
	———	———
	бу́дет боле́ть	**бу́дут боле́ть**
SUBJ.	(он) **боле́л бы**	
	(она) **боле́ла бы**	
	(оно) **боле́ло бы**	
	(они) **боле́ли бы**	
IMP.	———	
	———	

PARTICIPLES

PRES. ACT. **боля́щий**

PRES. PASS. ———

PAST ACT. **боле́вший**

PAST PASS. ———

ADV. PART. ———

BE AFRAID OF

	IMPERFECTIVE ASPECT		PERFECTIVE ASPECT	
INF.	**боя́ться**		**побоя́ться**	
PRES.	**бою́сь**	**бои́мся**		
	бои́шься	**бои́тесь**		
	бои́тся	**боя́тся**		
PAST	**боя́лся**		**побоя́лся**	
	боя́лась		**побоя́лась**	
	боя́лось		**побоя́лось**	
	боя́лись		**побоя́лись**	
FUT.	**бу́ду боя́ться**	**бу́дем боя́ться**	**побою́сь**	**побои́мся**
	бу́дешь боя́ться	**бу́дете боя́ться**	**побои́шься**	**побои́тесь**
	бу́дет боя́ться	**бу́дут боя́ться**	**побои́тся**	**побоя́тся**
SUBJ.	**боя́лся бы**		**побоя́лся бы**	
	боя́лась бы		**побоя́лась бы**	
	боя́лось бы		**побоя́лось бы**	
	боя́лись бы		**побоя́лись бы**	
IMP.	**бо́йся**		**побо́йся**	
	бо́йтесь		**побо́йтесь**	

PARTICIPLES

PRES. ACT.	**боя́щийся**	———
PRES. PASS.	———	———
PAST ACT.	**боя́вшийся**	**побоя́вшийся**
PAST PASS.	———	———
ADV. PART.	**боя́сь**	**побоя́вшись**

TAKE

	IMPERFECTIVE ASPECT		PERFECTIVE ASPECT	
INF.	брать		взять	
PRES.	беру́	берём		
	берёшь	берёте		
	берёт	беру́т		
PAST	брал		взял	
	брала́		взяла́	
	бра́ло		взя́ло	
	бра́ли		взя́ли	
FUT.	бу́ду брать	бу́дем брать	возьму́	возьмём
	бу́дешь брать	бу́дете брать	возьмёшь	возьмёте
	бу́дет брать	бу́дут брать	возьмёт	возьму́т
SUBJ.	брал бы		взял бы	
	брала́ бы		взяла́ бы	
	бра́ло бы		взя́ло бы	
	бра́ли бы		взя́ли бы	
IMP.	бери́		возьми́	
	бери́те		возьми́те	

PARTICIPLES

PRES. ACT.	беру́щий	———
PRES. PASS.	———	———
PAST ACT.	бра́вший	взя́вший
PAST PASS.	———	взя́тый (взят, взята́, взя́то)
ADV. PART.	беря́	взяв(-ши)

SHAVE
SHAVE ONESELF

	IMPERFECTIVE ASPECT		PERFECTIVE ASPECT	
INF.	**брить**		**побри́ть**	
PRES.	**бре́ю**	**бре́ем**	———	
	бре́ешь	**бре́ете**		
	бре́ет	**бре́ют**		
PAST	**брил**		**побри́л**	
	бри́ла		**побри́ла**	
	бри́ло		**побри́ло**	
	бри́ли		**побри́ли**	
FUT.	**бу́ду брить**	**бу́дем брить**	**побре́ю**	**побре́ем**
	бу́дешь брить	**бу́дете брить**	**побре́ешь**	**побре́ете**
	бу́дет брить	**бу́дут брить**	**побре́ет**	**побре́ют**
SUBJ.	**брил бы**		**побри́л бы**	
	бри́ла бы		**побри́ла бы**	
	бри́ло бы		**побри́ло бы**	
	бри́ли бы		**побри́ли бы**	
IMP.	**брей**		**побре́й**	
	бре́йте		**побре́йте**	

PARTICIPLES

PRES. ACT.	**бре́ющий**	———
PRES. PASS.	———	———
PAST ACT.	**бри́вший**	**побри́вший**
PAST PASS.	———	**побри́тый**
ADV. PART.	**бре́я**	**побри́в(-ши)**

БРОСАТЬ / БРОСИТЬ
БРОСАТЬСЯ / БРОСИТЬСЯ

THROW
RUSH

	IMPERFECTIVE ASPECT		PERFECTIVE ASPECT	
INF.	**броса́ть**		**бро́сить**	
PRES.	**броса́ю**	**броса́ем**		
	броса́ешь	**броса́ете**	———	
	броса́ет	**броса́ют**		
PAST	**броса́л**		**бро́сил**	
	броса́ла		**бро́сила**	
	броса́ло		**бро́сило**	
	броса́ли		**бро́сили**	
FUT.	**бу́ду броса́ть**	**бу́дем броса́ть**	**бро́шу**	**бро́сим**
	бу́дешь броса́ть	**бу́дете броса́ть**	**бро́сишь**	**бро́сите**
	бу́дет броса́ть	**бу́дут броса́ть**	**бро́сит**	**бро́сят**
SUBJ.	**броса́л бы**		**бро́сил бы**	
	броса́ла бы		**бро́сила бы**	
	броса́ло бы		**бро́сило бы**	
	броса́ли бы		**бро́сили бы**	
IMP.	**броса́й**		**бро́сь**	
	броса́йте		**бро́сьте**	

PARTICIPLES

PRES. ACT.	**броса́ющий**	———
PRES. PASS.	**броса́емый**	———
PAST ACT.	**броса́вший**	**бро́сивший**
PAST PASS.	———	**бро́шенный**
ADV. PART.	**броса́я**	**бро́сив(-ши)**

WAKE

	IMPERFECTIVE ASPECT		PERFECTIVE ASPECT	
INF.	**буди́ть**		**разбуди́ть**	
PRES.	**бужу́**	**бу́дим**	———	
	бу́дишь	**бу́дите**		
	бу́дит	**бу́дят**		
PAST	**буди́л**		**разбуди́л**	
	буди́ла		**разбуди́ла**	
	буди́ло		**разбуди́ло**	
	буди́ли		**разбуди́ли**	
FUT.	**бу́ду буди́ть**	**бу́дем буди́ть**	**разбужу́**	**разбу́дим**
	бу́дешь буди́ть	**бу́дете буди́ть**	**разбу́дишь**	**разбу́дите**
	бу́дет буди́ть	**бу́дут буди́ть**	**разбу́дит**	**разбу́дят**
SUBJ.	**буди́л бы**		**разбуди́л бы**	
	буди́ла бы		**разбуди́ла бы**	
	буди́ло бы		**разбуди́ло бы**	
	буди́ли бы		**разбуди́ли бы**	
IMP.	**буди́**		**разбуди́**	
	буди́те		**разбуди́те**	

PARTICIPLES

PRES. ACT.	**будя́щий**	———
PRES. PASS.	**буди́мый**	———
PAST ACT.	**буди́вший**	**разбуди́вший**
PAST PASS.	———	**разбу́женный**
ADV. PART.	**будя́**	**разбуди́в(-ши)**

BE

	IMPERFECTIVE ASPECT	PERFECTIVE ASPECT
INF.	**быть**	
PRES.	———	
PAST	**был**	**не́ был**
	была́	**не была́**
	бы́ло	**не́ было**
	бы́ли	**не́ были**
FUT.	**бу́ду**	**бу́дем**
	бу́дешь	**бу́дете**
	бу́дет	**бу́дут**
SUBJ.	**был бы**	
	была́ бы	
	бы́ло бы	
	бы́ли бы	
IMP.	**будь**	
	бу́дьте	

PARTICIPLES

PRES. ACT.	———
PRES. PASS.	———
PAST ACT.	**бы́вший**
PAST PASS.	———
ADV. PART.	**бу́дучи**

RUN IN

	IMPERFECTIVE ASPECT		PERFECTIVE ASPECT	
INF.	**вбега́ть**		**вбежа́ть**	
PRES.	**вбега́ю**	**вбега́ем**	———	
	вбега́ешь	**вбега́ете**		
	вбега́ет	**вбега́ют**		
PAST	**вбега́л**		**вбежа́л**	
	вбега́ла		**вбежа́ла**	
	вбега́ло		**вбежа́ло**	
	вбега́ли		**вбежа́ли**	
FUT.	**бу́ду вбега́ть**	**бу́дем вбега́ть**	**вбегу́**	**вбежи́м**
	бу́дешь вбега́ть	**бу́дете вбега́ть**	**вбежи́шь**	**вбежи́те**
	бу́дет вбега́ть	**бу́дут вбега́ть**	**вбежи́т**	**вбегу́т**
SUBJ.	**вбега́л бы**		**вбежа́л бы**	
	вбега́ла бы		**вбежа́ла бы**	
	вбега́ло бы		**вбежа́ло бы**	
	вбега́ли бы		**вбежа́ли бы**	
IMP.	**вбега́й**		**вбеги́**	
	вбега́йте		**вбеги́те**	

PARTICIPLES

PRES. ACT.	**вбега́ющий**	———
PRES. PASS.	———	———
PAST ACT.	**вбега́вший**	**вбежа́вший**
PAST PASS.	———	———
ADV. PART.	**вбега́я**	**вбежа́в(-ши)**

ВВОДИТЬ / ВВЕСТИ

LEAD IN, INTRODUCE

	IMPERFECTIVE ASPECT		PERFECTIVE ASPECT	
INF.	**вводи́ть**		**ввести́**	
PRES.	**ввожу́**	**вво́дим**		
	вво́дишь	**вво́дите**		
	вво́дит	**вво́дят**	———	
PAST	**вводи́л**		**ввёл**	
	вводи́ла		**ввела́**	
	вводи́ло		**ввело́**	
	вводи́ли		**ввели́**	
FUT.	**бу́ду вводи́ть**	**бу́дем вводи́ть**	**введу́**	**введём**
	бу́дешь вводи́ть	**бу́дете вводи́ть**	**введёшь**	**введёте**
	бу́дет вводи́ть	**бу́дут вводи́ть**	**введёт**	**введу́т**
SUBJ.	**вводи́л бы**		**ввёл бы**	
	вводи́ла бы		**ввела́ бы**	
	вводи́ло бы		**ввело́ бы**	
	вводи́ли бы		**ввели́ бы**	
IMP.	**вводи́**		**введи́**	
	вводи́те		**введи́те**	

PARTICIPLES

PRES. ACT.	**вводя́щий**	———
PRES. PASS.	**вводи́мый**	———
PAST ACT.	**вводи́вший**	**вве́дший**
PAST PASS.	———	**введённый (введён, введена́)**
ADV. PART.	**вводя́**	**вве́дши***

*Note in Compounds **привести́ - приведя́**
увести́ - уведя́

IMPORT

	IMPERFECTIVE ASPECT		PERFECTIVE ASPECT	
INF.	**ввози́ть**		**ввезти́**	
PRES.	**ввожу́**	**вво́зим**		
	вво́зишь	**вво́зите**	———	
	вво́зит	**вво́зят**		
PAST	**ввози́л**		**ввёз**	
	ввози́ла		**ввезла́**	
	ввози́ло		**ввезло́**	
	ввози́ли		**ввезли́**	
FUT.	**бу́ду ввози́ть**	**бу́дем ввози́ть**	**ввезу́**	**ввезём**
	бу́дешь ввози́ть	**бу́дете ввози́ть**	**ввезёшь**	**ввезёте**
	бу́дет ввози́ть	**бу́дут ввози́ть**	**ввезёт**	**ввезу́т**
SUBJ.	**ввози́л бы**		**ввёз бы**	
	ввози́ла бы		**ввезла́ бы**	
	ввози́ло бы		**ввезло́ бы**	
	ввози́ли бы		**ввезли́ бы**	
IMP.	**ввози́**		**ввези́**	
	ввози́те		**ввези́те**	

PARTICIPLES

PRES. ACT.	**ввозя́щий**	———
PRES. PASS.	**ввози́мый**	———
PAST ACT.	**ввози́вший**	**ввёзший**
PAST PASS.	———	**ввезённый (ввезён, ввезена́)**
ADV. PART.	**ввозя́**	**ввёзши**

ВЕРИТЬ/ПОВЕРИТЬ

BELIEVE

	IMPERFECTIVE ASPECT		PERFECTIVE ASPECT	
INF.	**ве́рить**		**пове́рить**	
PRES.	**ве́рю**	**ве́рим**	———	
	ве́ришь	**ве́рите**		
	ве́рит	**ве́рят**		
PAST	**ве́рил**		**пове́рил**	
	ве́рила		**пове́рила**	
	ве́рило		**пове́рило**	
	ве́рили		**пове́рили**	
FUT.	**бу́ду ве́рить**	**бу́дем ве́рить**	**пове́рю**	**пове́рим**
	бу́дешь ве́рить	**бу́дете ве́рить**	**пове́ришь**	**пове́рите**
	бу́дет ве́рить	**бу́дут ве́рить**	**пове́рит**	**пове́рят**
SUBJ.	**ве́рил бы**		**пове́рил бы**	
	ве́рила бы		**пове́рила бы**	
	ве́рило бы		**пове́рило бы**	
	ве́рили бы		**пове́рили бы**	
IMP.	**верь**		**пове́рь**	
	ве́рьте		**пове́рьте**	

PARTICIPLES

PRES. ACT.	**ве́рящий**	———
PRES. PASS.	———	———
PAST ACT.	**ве́ривший**	**пове́ривший**
PAST PASS.	———	———
ADV. PART.	**ве́ря**	**пове́рив(-ши)**

EXPLODE (TRANS.)

	IMPERFECTIVE ASPECT		PERFECTIVE ASPECT	
INF.	**взрыва́ть**		**взорва́ть**	
PRES.	**взрыва́ю**	**взрыва́ем**	———	
	взрыва́ешь	**взрыва́ете**		
	взрыва́ет	**взрыва́ют**		
PAST	**взрыва́л**		**взорва́л**	
	взрыва́ла		**взорвала́**	
	взрыва́ло		**взорва́ло**	
	взрыва́ли		**взорва́ли**	
FUT.	**бу́ду взрыва́ть**	**бу́дем взрыва́ть**	**взорву́**	**взорвём**
	бу́дешь взрыва́ть	**бу́дете взрыва́ть**	**взорвёшь**	**взорвёте**
	бу́дет взрыва́ть	**бу́дут взрыва́ть**	**взорвёт**	**взорву́т**
SUBJ.	**взрыва́л бы**		**взорва́л бы**	
	взрыва́ла бы		**взорвала́ бы**	
	взрыва́ло бы		**взорва́ло бы**	
	взрыва́ли бы		**взорва́ли бы**	
IMP.	**взрыва́й**		**взорви́**	
	взрыва́йте		**взорви́те**	

PARTICIPLES

PRES. ACT.	**взрыва́ющий**	———
PRES. PASS.	**взрыва́емый**	———
PAST ACT.	**взрыва́вший**	**взорва́вший**
PAST PASS.	———	**взо́рванный**
ADV. PART.	**взрыва́я**	**взорва́в(-ши)**

ВИДЕТЬ/УВИДЕТЬ

SEE/CATCH SIGHT OF

	IMPERFECTIVE ASPECT		PERFECTIVE ASPECT	
INF.	ви́деть		уви́деть	
PRES.	ви́жу	ви́дим	———	
	ви́дишь	ви́дите		
	ви́дит	ви́дят		
PAST	ви́дел		уви́дел	
	ви́дела		уви́дела	
	ви́дело		уви́дело	
	ви́дели		уви́дели	
FUT.	бу́ду ви́деть	бу́дем ви́деть	уви́жу	уви́дим
	бу́дешь ви́деть	бу́дете ви́деть	уви́дишь	уви́дите
	бу́дет ви́деть	бу́дут ви́деть	уви́дит	уви́дят
SUBJ.	ви́дел бы		уви́дел бы	
	ви́дела бы		уви́дела бы	
	ви́дело бы		уви́дело бы	
	ви́дели бы		уви́дели бы	
IMP.	———*		———	
	———		———	

PARTICIPLES

PRES. ACT.	ви́дящий	———
PRES. PASS.	ви́димый	———
PAST ACT.	ви́девший	уви́девший
PAST PASS.	ви́денный	уви́денный
ADV. PART.	ви́дя	уви́дев(-ши)

*Compounds have imperatives

BE HANGING

	IMPERFECTIVE ASPECT	PERFECTIVE ASPECT
INF.	**висе́ть**	
PRES.	**вишу́**	**вися́м**
	вися́шь	**вися́те**
	вися́т	**вися́т**
PAST	**висе́л**	
	висе́ла	
	висе́ло	
	висе́ли	
FUT.	**бу́ду висе́ть**	**бу́дем висе́ть**
	бу́дешь висе́ть	**бу́дете висе́ть**
	бу́дет висе́ть	**бу́дут висе́ть**
SUBJ.	**висе́л бы**	
	висе́ла бы	
	висе́ло бы	
	висе́ли бы	
IMP.	**вися́**	
	вися́те	

PARTICIPLES

PRES. ACT. **вися́щий**

PRES. PASS. ———

PAST ACT. **висе́вший**

PAST PASS. ———

ADV. PART. **вися́**

ВКЛЮЧАТЬ / ВКЛЮЧИТЬ

INCLUDE, SWITCH ON

	IMPERFECTIVE ASPECT		PERFECTIVE ASPECT	
INF.	включа́ть		включи́ть	
PRES.	включа́ю	включа́ем	———	
	включа́ешь	включа́ете		
	включа́ет	включа́ют		
PAST	включа́л		включи́л	
	включа́ла		включи́ла	
	включа́ло		включи́ло	
	включа́ли		включи́ли	
FUT.	бу́ду включа́ть	бу́дем включа́ть	включу́	включи́м
	бу́дешь включа́ть	бу́дете включа́ть	включи́шь	включи́те
	бу́дет включа́ть	бу́дут включа́ть	включи́т	включа́т
SUBJ.	включа́л бы		включи́л бы	
	включа́ла бы		включи́ла бы	
	включа́ло бы		включи́ло бы	
	включа́ли бы		включи́ли бы	
IMP.	включа́й		включи́	
	включа́йте		включи́те	

PARTICIPLES

PRES. ACT.	включа́ющий	———
PRES. PASS.	включа́емый	———
PAST ACT.	включа́вший	включи́вший
PAST PASS.	———	включённый (включён, включена́)
ADV. PART.	включа́я	включи́в(-ши)

FLY IN

	IMPERFECTIVE ASPECT		PERFECTIVE ASPECT	
INF.	**влета́ть**		**влете́ть**	
PRES.	**влета́ю**	**влета́ем**	———	
	влета́ешь	**влета́ете**		
	влета́ет	**влета́ют**		
PAST	**влета́л**		**влете́л**	
	влета́ла		**влете́ла**	
	влета́ло		**влете́ло**	
	влета́ли		**влете́ли**	
FUT.	**бу́ду влета́ть**	**бу́дем влета́ть**	**влечу́**	**влети́м**
	бу́дешь влета́ть	**бу́дете влета́ть**	**влети́шь**	**влети́те**
	бу́дет влета́ть	**бу́дут влета́ть**	**влети́т**	**влетя́т**
SUBJ.	**влета́л бы**		**влете́л бы**	
	влета́ла бы		**влете́ла бы**	
	влета́ло бы		**влете́ло бы**	
	влета́ли бы		**влете́ли бы**	
IMP.	**влета́й**		**влети́**	
	влета́йте		**влети́те**	

PARTICIPLES

PRES. ACT.	**влета́ющий**	———
PRES. PASS.	———	———
PAST ACT.	**влета́вший**	**влете́вший**
PAST PASS.	———	———
ADV. PART.	**влета́я**	**влете́в(-ши)**

ВНОСИТЬ / ВНЕСТИ

CARRY IN

	IMPERFECTIVE ASPECT		PERFECTIVE ASPECT	
INF.	**вноси́ть**		**внести́**	
PRES.	**вношу́**	**вно́сим**		
	вно́сишь	**вно́сите**	———	
	вно́сит	**вно́сят**		
PAST	**вноси́л**		**внёс**	
	вноси́ла		**внесла́**	
	вноси́ло		**внесло́**	
	вноси́ли		**внесли́**	
FUT.	**бу́ду вноси́ть**	**бу́дем вноси́ть**	**внесу́**	**внесём**
	бу́дешь вноси́ть	**бу́дете вноси́ть**	**внесёшь**	**внесёте**
	бу́дет вноси́ть	**бу́дут вноси́ть**	**внесёт**	**внесу́т**
SUBJ.	**вноси́л бы**		**внёс бы**	
	вноси́ла бы		**внесла́ бы**	
	вноси́ло бы		**внесло́ бы**	
	вноси́ли бы		**внесли́ бы**	
IMP.	**вноси́**		**внеси́**	
	вноси́те		**внеси́те**	

PARTICIPLES

PRES. ACT.	**вносящий**	———
PRES. PASS.	**вноси́мый**	———
PAST ACT.	**вноси́вший**	**внёсший**
PAST PASS.	———	**внесённый (внесён, внесена́)**
ADV. PART.	**внося́**	**внёсши**

LEAD

Imperfective

	INDETERMINATE		DETERMINATE	
INF.	**води́ть**		**вести́**	
PRES.	**вожу́**	**во́дим**	**веду́**	**ведём**
	во́дишь	**во́дите**	**ведёшь**	**ведёте**
	во́дит	**во́дят**	**ведёт**	**веду́т**
PAST	**води́л**		**вёл**	
	води́ла		**вела́**	
	води́ло		**вело́**	
	води́ли		**вели́**	
FUT.	**бу́ду води́ть**	**бу́дем води́ть**	**бу́ду вести́**	**бу́дем вести́**
	бу́дешь води́ть	**бу́дете води́ть**	**бу́дешь вести́**	**бу́дете вести́**
	бу́дет води́ть	**бу́дут води́ть**	**бу́дет вести́**	**бу́дут вести́**
SUBJ.	**води́л бы**		**вёл бы**	
	води́ла бы		**вела́ бы**	
	води́ло бы		**вело́ бы**	
	води́ли бы		**вели́ бы**	
IMP.	**води́**		**веди́**	
	води́те		**веди́те**	

Participles

PRES. ACT.	**водя́щий**	**веду́щий**
PRES. PASS.	**води́мый**	**ведо́мый**
PAST ACT.	**води́вший**	**ве́дший**
PAST PASS.	———	———
ADV. PART.	**водя́**	**веди́**

ВОЗВРАЩАТЬ / ВОЗВРАТИТЬ
ВОЗВРАЩАТЬСЯ / ВОЗВРАТИТЬСЯ

RETURN, GIVE BACK
RETURN, GO BACK

	IMPERFECTIVE ASPECT		PERFECTIVE ASPECT	
INF.	**возвраща́ть**		**возврати́ть**	
PRES.	**возвраща́ю**	**возвраща́ем**	———	
	возвраща́ешь	**возвраща́ете**		
	возвраща́ет	**возвраща́ют**		
PAST	**возвраща́л**		**возврати́л**	
	возвраща́ла		**возврати́ла**	
	возвраща́ло		**возврати́ло**	
	возвраща́ли		**возврати́ли**	
FUT.	**бу́ду возвраща́ть**	**бу́дем возвраща́ть**	**возвращу́**	**возврати́м**
	бу́дешь возвраща́ть	**бу́дете возвраща́ть**	**возврати́шь**	**возврати́те**
	бу́дет возвраща́ть	**бу́дут возвраща́ть**	**возврати́т**	**возврати́т**
SUBJ.	**возвраща́л бы**		**возврати́л бы**	
	возвраща́ла бы		**возврати́ла бы**	
	возвраща́ло бы		**возврати́ло бы**	
	возвраща́ли бы		**возврати́ли бы**	
IMP.	**возвраща́й**		**возврати́**	
	возвраща́йте		**возврати́те**	

PARTICIPLES

PRES. ACT.	**возвраща́ющий**	———
PRES. PASS.	**возвраща́емый**	———
PAST ACT.	**возвраща́вший**	**возврати́вший**
PAST PASS.	———	**возвращённый** (**возвращён, возвращена́**)
ADV. PART.	**возвраща́я**	**возврати́в(-ши)**

CARRY BY VEHICLE

Imperfective

	INDETERMINATE		DETERMINATE	
INF.	**вози́ть**		**везти́**	
PRES.	**вожу́**	**во́зим**	**везу́**	**везём**
	во́зишь	**во́зите**	**везёшь**	**везёте**
	во́зит	**во́зят**	**везёт**	**везу́т**
PAST	**вози́л**		**вёз**	
	вози́ла		**везла́**	
	вози́ло		**везло́**	
	вози́ли		**везли́**	
FUT.	**бу́ду вози́ть**	**бу́дем вози́ть**	**бу́ду везти́**	**бу́дем везти́**
	бу́дешь вози́ть	**бу́дете вози́ть**	**бу́дешь везти́**	**бу́дете везти́**
	бу́дет вози́ть	**бу́дут вози́ть**	**бу́дет везти́**	**бу́дут везти́**
SUBJ.	**вози́л бы**		**вёз бы**	
	вози́ла бы		**везла́ бы**	
	вози́ло бы		**везло́ бы**	
	вози́ли бы		**везли́ бы**	
IMP.	**вози́**		**вези́**	
	вози́те		**вези́те**	

PARTICIPLES

PRES. ACT.	**возя́щий**	**везу́щий**
PRES. PASS.	**вози́мый**	———
PAST ACT.	**вози́вший**	**вёзший**
PAST PASS.	———	———
ADV. PART.	**возя́**	**везя́**

ВСТАВАТЬ / ВСТАТЬ

GET UP

	IMPERFECTIVE ASPECT		PERFECTIVE ASPECT	
INF.	вставáть		встать	
PRES.	встаю́	встаём	———	
	встаёшь	встаёте		
	встаёт	встаю́т		
PAST	вставáл		встал	
	вставáла		встала́	
	вставáло		встáло	
	вставáли		встáли	
FUT.	бу́ду вставáть	бу́дем вставáть	встáну	встáнем
	бу́дешь вставáть	бу́дете вставáть	встáнешь	встáнете
	бу́дет вставáть	бу́дут вставáть	встáнет	встáнут
SUBJ.	вставáл бы		встал бы	
	вставáла бы		встала́ бы	
	вставáло бы		встáло бы	
	вставáли бы		встáли бы	
IMP.	вставáй		встань	
	вставáйте		встáньте	

PARTICIPLES

PRES. ACT.	встаю́щий	———
PRES. PASS.	———	———
PAST ACT.	вставáвший	встáвший
PAST PASS.	———	———
ADV. PART.	вставáя	встáв(-ши)

MEET

	IMPERFECTIVE ASPECT		PERFECTIVE ASPECT	
INF.	встреча́ть		встре́тить	
PRES.	встреча́ю встреча́ешь встреча́ет	встреча́ем встреча́ете встреча́ют	———	
PAST	встреча́л встреча́ла встреча́ло встреча́ли		встре́тил встре́тила встре́тило встре́тили	
FUT.	бу́ду встреча́ть бу́дешь встреча́ть бу́дет встреча́ть	бу́дем встреча́ть бу́дете встреча́ть бу́дут встреча́ть	встре́чу встре́тишь встре́тит	встре́тим встре́тите встре́тят
SUBJ.	встреча́л бы встреча́ла бы встреча́ло бы встреча́ли бы		встре́тил бы встре́тила бы встре́тило бы встре́тили бы	
IMP.	встреча́й встреча́йте		встре́ть встре́тьте	

PARTICIPLES

PRES. ACT.	встреча́ющий	———
PRES. PASS.	встреча́емый	———
PAST ACT.	встреча́вший	встре́тивший
PAST PASS.	———	встре́ченный
ADV. PART.	встреча́я	встре́тив(-ши)

ВХОДИТЬ / ВОЙТИ

WALK IN

	IMPERFECTIVE ASPECT		PERFECTIVE ASPECT	
INF.	**входи́ть**		**войти́**	
PRES.	**вхожу́**	**вхо́дим**		
	вхо́дишь	**вхо́дите**		
	вхо́дит	**вхо́дят**	———	
PAST	**входи́л**		**вошёл**	
	входи́ла		**вошла́**	
	входи́ло		**вошло́**	
	входи́ли		**вошли́**	
FUT.	**бу́ду входи́ть**	**бу́дем входи́ть**	**войду́**	**войдём**
	бу́дешь входи́ть	**бу́дете входи́ть**	**войдёшь**	**войдёте**
	бу́дет входи́ть	**бу́дут входи́ть**	**войдёт**	**войду́т**
SUBJ.	**входи́л бы**		**вошёл бы**	
	входи́ла бы		**вошла́ бы**	
	входи́ло бы		**вошло́ бы**	
	входи́ли бы		**вошли́ бы**	
IMP.	**входи́**		**войди́**	
	входи́те		**войди́те**	

PARTICIPLES

PRES. ACT.	**входя́щий**	———
PRES. PASS.	———*	———
PAST ACT.	**входи́вший**	**воше́дший**
PAST PASS.	———	———*
ADV. PART.	**входя́**	**войдя́**

*Transitive compounds have passive participles as follows:

	найти́ - на́йденный
обходи́ть - обходи́мый	**обойти́ - обойдённый**
переходи́ть - переходи́мый	**перейти́ - перейдённый**
проходи́ть - проходи́мый	**пройти́ - про́йденный**

DRIVE IN

	IMPERFECTIVE ASPECT		PERFECTIVE ASPECT	
INF.	**въезжáть**		**въéхать**	
PRES.	**въезжáю**	**въезжáем**		
	въезжáешь	**въезжáете**	———	
	въезжáет	**въезжáют**		
PAST	**въезжáл**		**въéхал**	
	въезжáла		**въéхала**	
	въезжáло		**въéхало**	
	въезжáли		**въéхали**	
FUT.	**бýду въезжáть**	**бýдем въезжáть**	**въéду**	**въéдем**
	бýдешь въезжáть	**бýдете въезжáть**	**въéдешь**	**въéдете**
	бýдет въезжáть	**бýдут въезжáть**	**въéдет**	**въéдут**
SUBJ.	**въезжáл бы**		**въéхал бы**	
	въезжáла бы		**въéхала бы**	
	въезжáло бы		**въéхало бы**	
	въезжáли бы		**въéхали бы**	
IMP.	**въезжáй**		———	
	въезжáйте		———	

PARTICIPLES

PRES. ACT.	**въезжáющий**	———
PRES. PASS.	———	———
PAST ACT.	**въезжáвший**	**въéхавший**
PAST PASS.	———	———
ADV. PART.	**въезжáя**	въéхав(-ши)

PASS (an exam)

	IMPERFECTIVE ASPECT		PERFECTIVE ASPECT	
INF.	**выде́рживать**		**вы́держать**	
PRES.	**выде́рживаю** **выде́рживаешь** **выде́рживает**	**выде́рживаем** **выде́рживаете** **выде́рживают**	———	
PAST	**выде́рживал** **выде́рживала** **выде́рживало** **выде́рживали**		**вы́держал** **вы́держала** **вы́держало** **вы́держали**	
FUT.	**бу́ду** **бу́дешь** **бу́дет** **выде́рживать**	**бу́дем** **бу́дете** **бу́дут** **выде́рживать**	**вы́держу** **вы́держишь** **вы́держит**	**вы́держим** **вы́держите** **вы́держат**
SUBJ.	**выде́рживал бы** **выде́рживала бы** **выде́рживало бы** **выде́рживали бы**		**вы́держал бы** **вы́держала бы** **вы́держало бы** **вы́держали бы**	
IMP.	**выде́рживай** **выде́рживайте**		**вы́держи** **вы́держите**	

PARTICIPLES

PRES. ACT.	**выде́рживающий**	———
PRES. PASS.	———	———
PAST ACT.	**выде́рживавший**	**вы́державший**
PAST PASS.	———	**вы́держанный**
ADV. PART.	**выде́рживая**	**вы́держав(-ши)**

WIN

	IMPERFECTIVE ASPECT		PERFECTIVE ASPECT	
INF.	**выи́грывать**		**вы́играть**	
PRES.	**выи́грываю**	**выи́грываем**		
	выи́грываешь	**выи́грываете**	———	
	выи́грывает	**выи́грывают**		
PAST	**выи́грывал**		**вы́играл**	
	выи́грывала		**вы́играла**	
	выи́грывало		**вы́играло**	
	выи́грывали		**вы́играли**	
FUT.	**бу́ду выи́грывать**	**бу́дем выи́грывать**	**вы́играю**	**вы́играем**
	бу́дешь выи́грывать	**бу́дете выи́грывать**	**вы́играешь**	**вы́играете**
	бу́дет выи́грывать	**бу́дут выи́грывать**	**вы́играет**	**вы́играют**
SUBJ.	**выи́грывал бы**		**вы́играл бы**	
	выи́грывала бы		**вы́играла бы**	
	выи́грывало бы		**вы́играло бы**	
	выи́грывали бы		**вы́играли бы**	
IMP.	**выи́грывай**		**вы́играй**	
	выи́грывайте		**вы́играйте**	

PARTICIPLES

PRES. ACT.	**выи́грывающий**	———
PRES. PASS.	**выи́грываемый**	———
PAST ACT.	**выи́грывавший**	**вы́игравший**
PAST PASS.	———	**вы́игранный**
ADV. PART.	**выи́грывая**	**вы́играв(-ши)**

выполнять / выполнить

FULFIL

	IMPERFECTIVE ASPECT		PERFECTIVE ASPECT	
INF.	выполня́ть		вы́полнить	
PRES.	выполня́ю выполня́ешь выполня́ет	выполня́ем выполня́ете выполня́ют	———	
PAST	выполня́л выполня́ла выполня́ло выполня́ли		вы́полнил вы́полнила вы́полнило вы́полнили	
FUT.	бу́ду выполня́ть бу́дешь выполня́ть бу́дет выполня́ть	бу́дем выполня́ть бу́дете выполня́ть бу́дут выполня́ть	вы́полню вы́полнишь вы́полнит	вы́полним вы́полните вы́полнят
SUBJ.	выполня́л бы выполня́ла бы выполня́ло бы выполня́ли бы		вы́полнил бы вы́полнила бы вы́полнило бы вы́полнили бы	
IMP.	выполня́й выполня́йте		вы́полни вы́полните	

PARTICIPLES

PRES. ACT.	выполня́ющий	———
PRES. PASS.	выполня́емый	———
PAST ACT.	выполня́вший	вы́полнивший
PAST PASS.	———	вы́полненный
ADV. PART.	выполня́я	вы́полнив(-ши)

EXPRESS

	IMPERFECTIVE ASPECT		PERFECTIVE ASPECT	
INF.	выража́ть		вы́разить	
PRES.	выража́ю	выража́ем	———	
	выража́ешь	выража́ете		
	выража́ет	выража́ют		
PAST	выража́л		вы́разил	
	выража́ла		вы́разила	
	выража́ло		вы́разило	
	выража́ли		вы́разили	
FUT.	бу́ду выража́ть	бу́дем выража́ть	вы́ражу	вы́разим
	бу́дешь выража́ть	бу́дете выража́ть	вы́разишь	вы́разите
	бу́дет выража́ть	бу́дут выража́ть	вы́разит	вы́разят
SUBJ.	выража́л бы		вы́разил бы	
	выража́ла бы		вы́разила бы	
	выража́ло бы		вы́разило бы	
	выража́ли бы		вы́разили бы	
IMP.	выража́й		вы́рази	
	выража́йте		вы́разите	

PARTICIPLES

PRES. ACT.	выража́ющий	———
PRES. PASS.	выража́емый	———
PAST ACT.	выража́вший	вы́разивший
PAST PASS.	———	вы́раженный
ADV. PART.	выража́я	вы́разив(-ши)

PULL OUT

	IMPERFECTIVE ASPECT		PERFECTIVE ASPECT	
INF.	**вытя́гивать**		**вы́тянуть**	
PRES.	**вытя́гиваю**	**вытя́гиваем**	———	
	вытя́гиваешь	**вытя́гиваете**		
	вытя́гивает	**вытя́гивают**		
PAST	**вытя́гивал**		**вы́тянул**	
	вытя́гивала		**вы́тянула**	
	вытя́гивало		**вы́тянуло**	
	вытя́гивали		**вы́тянули**	
FUT.	**бу́ду вытя́гивать**	**бу́дем вытя́гивать**	**вы́тяну**	**вы́тянем**
	бу́дешь вытя́гивать	**бу́дете вытя́гивать**	**вы́тянешь**	**вы́тянете**
	бу́дет вытя́гивать	**бу́дут вытя́гивать**	**вы́тянет**	**вы́тянут**
SUBJ.	**вытя́гивал бы**		**вы́тянул бы**	
	вытя́гивала бы		**вы́тянула бы**	
	вытя́гивало бы		**вы́тянуло бы**	
	вытя́гивали бы		**вы́тянули бы**	
IMP.	**вытя́гивай**		**вы́тяни**	
	вытя́гивайте		**вы́тяните**	

PARTICIPLES

PRES. ACT.	**вытя́гивающий**	———
PRES. PASS.	**вытя́гиваемый**	———
PAST ACT.	**вытя́гивавший**	**вы́тянувший**
PAST PASS.	———	**вы́тянутый**
ADV. PART.	**вытя́гивая**	**вы́тянув(-ши)**

TALK, SAY

	IMPERFECTIVE ASPECT		PERFECTIVE ASPECT	
INF.	**говори́ть**		**сказа́ть**	
PRES.	**говорю́**	**говори́м**		
	говори́шь	**говори́те**	———	
	говори́т	**говоря́т**		
PAST	**говори́л**		**сказа́л**	
	говори́ла		**сказа́ла**	
	говори́ло		**сказа́ло**	
	говори́ли		**сказа́ли**	
FUT.	**бу́ду говори́ть**	**бу́дем говори́ть**	**скажу́**	**ска́жем**
	бу́дешь говори́ть	**бу́дете говори́ть**	**ска́жешь**	**ска́жете**
	бу́дет говори́ть	**бу́дут говори́ть**	**ска́жет**	**ска́жут**
SUBJ.	**говори́л бы**		**сказа́л бы**	
	говори́ла бы		**сказа́ла бы**	
	говори́ло бы		**сказа́ло бы**	
	говори́ли бы		**сказа́ли бы**	
IMP.	**говори́**		**скажи́**	
	говори́те		**скажи́те**	

PARTICIPLES

PRES. ACT.	**говоря́щий**	———
PRES. PASS.	———	———
PAST ACT.	**говори́вший**	**сказа́вший**
PAST PASS.	———	**ска́занный**
ADV. PART.	**говоря́**	**сказа́в(-ши)**

BURN

	IMPERFECTIVE ASPECT		PERFECTIVE ASPECT	
INF.	горе́ть		сгоре́ть	
PRES.	горю́	гори́м		
	гори́шь	гори́те		
	гори́т	горя́т	———	
PAST	горе́л		сгоре́л	
	горе́ла		сгоре́ла	
	горе́ло		сгоре́ло	
	горе́ли		сгоре́ли	
FUT.	бу́ду горе́ть	бу́дем горе́ть	сгорю́	сгори́м
	бу́дешь горе́ть	бу́дете горе́ть	сгори́шь	сгори́те
	бу́дет горе́ть	бу́дут горе́ть	сгори́т	сгоря́т
SUBJ.	горе́л бы		сгоре́л бы	
	горе́ла бы		сгоре́ла бы	
	горе́ло бы		сгоре́ло бы	
	горе́ли бы		сгоре́ли бы	
IMP.	гори́		сгори́	
	гори́те		сгори́те	

PARTICIPLES

PRES. ACT.	горя́щий	———
PRES. PASS.	———	———
PAST ACT.	горе́вший	сгоре́вший
PAST PASS.	———	———
ADV. PART.	горя́	сгоре́в(-ши)

PREPARE

	IMPERFECTIVE ASPECT		PERFECTIVE ASPECT	
INF.	**гото́вить**		**пригото́вить**	
PRES.	**гото́влю**	**гото́вим**		
	гото́вишь	**гото́вите**		
	гото́вит	**гото́вят**	———	
PAST	**гото́вил**		**пригото́вил**	
	гото́вила		**пригото́вила**	
	гото́вило		**пригото́вило**	
	гото́вили		**пригото́вили**	
FUT.	**бу́ду гото́вить**	**бу́дем гото́вить**	**пригото́влю**	**пригото́вим**
	бу́дешь гото́вить	**бу́дете гото́вить**	**пригото́вишь**	**пригото́вите**
	бу́дет гото́вить	**бу́дут гото́вить**	**пригото́вит**	**пригото́вят**
SUBJ.	**гото́вил бы**		**пригото́вил бы**	
	гото́вила бы		**пригото́вила бы**	
	гото́вило бы		**пригото́вило бы**	
	гото́вили бы		**пригото́вили бы**	
IMP.	**гото́вь**		**пригото́вь**	
	гото́вьте		**пригото́вьте**	

PARTICIPLES

PRES. ACT.	**гото́вящий**	———
PRES. PASS.	———	———
PAST ACT.	**гото́вивший**	**пригото́вивший**
PAST PASS.	———	**пригото́вленный**
ADV. PART.	**гото́вя**	**пригото́вив(-ши)**

TAKE A WALK

	IMPERFECTIVE ASPECT		PERFECTIVE ASPECT	
INF.	**гуля́ть**		**погуля́ть**	
PRES.	**гуля́ю**	**гуля́ем**		
	гуля́ешь	**гуля́ете**		
	гуля́ет	**гуля́ют**	———	
PAST	**гуля́л**		**погуля́л**	
	гуля́ла		**погуля́ла**	
	гуля́ло		**погуля́ло**	
	гуля́ли		**погуля́ли**	
FUT.	**бу́ду гуля́ть**	**бу́дем гуля́ть**	**погуля́ю**	**погуля́ем**
	бу́дешь гуля́ть	**бу́дете гуля́ть**	**погуля́ешь**	**погуля́ете**
	бу́дет гуля́ть	**бу́дут гуля́ть**	**погуля́ет**	**погуля́ют**
SUBJ.	**гуля́л бы**		**погуля́л бы**	
	гуля́ла бы		**погуля́ла бы**	
	гуля́ло бы		**погуля́ло бы**	
	гуля́ли бы		**погуля́ли бы**	
IMP.	**гуля́й**		**погуля́й**	
	гуля́йте		**погуля́йте**	

PARTICIPLES

PRES. ACT.	**гуля́ющий**	———
PRES. PASS.	———	———
PAST ACT.	**гуля́вший**	**погуля́вший**
PAST PASS.	———	———
ADV. PART.	**гуля́я**	**погуля́в(-ши)**

GIVE

	IMPERFECTIVE ASPECT		PERFECTIVE ASPECT	
INF.	**дава́ть**		**дать**	
PRES.	**даю́** **даёшь** **даёт**	**даём** **даёте** **даю́т**	———	
PAST	**дава́л** **дава́ла** **дава́ло** **дава́ли**		**дал*** **дала́** **да́ло** **да́ли**	
FUT.	**бу́ду дава́ть** **бу́дешь дава́ть** **бу́дет дава́ть**	**бу́дем дава́ть** **бу́дете дава́ть** **бу́дут дава́ть**	**дам** **дашь** **даст**	**дади́м** **дади́те** **даду́т**
SUBJ.	**дава́л бы** **дава́ла бы** **дава́ло бы** **дава́ли бы**		**дал бы*** **дала́ бы** **да́ло бы** **да́ли бы**	
IMP.	**дава́й** **дава́йте**		**дай** **да́йте**	

PARTICIPLES

PRES. ACT.	**даю́щий**	———
PRES. PASS.	**дава́емый**	———
PAST ACT.	**дава́вший**	**да́вший**
PAST PASS.	———	**да́нный*** (**да́н, дана́**)
ADV. PART.	**дава́я**	**да́в(-ши)**

*Compounds are stressed on the prefix in the past tense and past passive participle according to the following pattern

за́дал, задала́, за́дало, за́дали
за́данный; за́дан, задана́

MOVE

	IMPERFECTIVE ASPECT		PERFECTIVE ASPECT	
INF.	**дви́гать**		**дви́нуть**	
PRES.	**дви́гаю**	**дви́гаем**	———	
	дви́гаешь	**дви́гаете**		
	дви́гает	**дви́гают**		
PAST	**дви́гал**		**дви́нул**	
	дви́гала		**дви́нула**	
	дви́гало		**дви́нуло**	
	дви́гали		**дви́нули**	
FUT.	**бу́ду дви́гать**	**бу́дем дви́гать**	**дви́ну**	**дви́нем**
	бу́дешь дви́гать	**бу́дете дви́гать**	**дви́нешь**	**дви́нете**
	бу́дет дви́гать	**бу́дут дви́гать**	**дви́нет**	**дви́нут**
SUBJ.	**дви́гал бы**		**дви́нул бы**	
	дви́гала бы		**дви́нула бы**	
	дви́гало бы		**дви́нуло бы**	
	дви́гали бы		**дви́нули бы**	
IMP.	**дви́гай**		**двинь**	
	дви́гайте		**дви́ньте**	

PARTICIPLES

PRES. ACT.	**дви́гающий**	———
PRES. PASS.	———	———
PAST ACT.	**дви́гавший**	**дви́нувший**
PAST PASS.	———	**дви́нутый**
ADV. PART.	**дви́гая**	**дви́нув(-ши)**

DO / ACCOMPLISH

	IMPERFECTIVE ASPECT		PERFECTIVE ASPECT	
INF.	**де́лать**		**сде́лать**	
PRES.	**де́лаю** **де́лаешь** **де́лает**	**де́лаем** **де́лаете** **де́лают**	———	
PAST	**де́лал** **де́лала** **де́лало** **де́лали**		**сде́лал** **сде́лала** **сде́лало** **сде́лали**	
FUT.	**бу́ду де́лать** **бу́дешь де́лать** **бу́дет де́лать**	**бу́дем де́лать** **бу́дете де́лать** **бу́дут де́лать**	**сде́лаю** **сде́лаешь** **сде́лает**	**сде́лаем** **сде́лаете** **сде́лают**
SUBJ.	**де́лал бы** **де́лала бы** **де́лало бы** **де́лали бы**		**сде́лал бы** **сде́лала бы** **сде́лало бы** **сде́лали бы**	
IMP.	**де́лай** **де́лайте**		**сде́лай** **сде́лайте**	

PARTICIPLES

PRES. ACT.	**де́лающий**	———
PRES. PASS.	**де́лаемый**	———
PAST ACT.	**де́лавший**	**сде́лавший**
PAST PASS.	———	**сде́ланный**
ADV. PART.	**де́лая**	**сде́лав(-ши)**

HOLD

	IMPERFECTIVE ASPECT		PERFECTIVE ASPECT	
INF.	держа́ть		подержа́ть	
PRES.	держу́ де́ржишь де́ржит	де́ржим де́ржите де́ржат	———	
PAST	держа́л держа́ла держа́ло держа́ли		подержа́л подержа́ла подержа́ло подержа́ли	
FUT.	бу́ду держа́ть бу́дешь держа́ть бу́дет держа́ть	бу́дем держа́ть бу́дете держа́ть бу́дут держа́ть	подержу́ поде́ржишь поде́ржит	поде́ржим поде́ржите поде́ржат
SUBJ.	держа́л бы держа́ла бы держа́ло бы держа́ли бы		подержа́л бы подержа́ла бы подержа́ло бы подержа́ли бы	
IMP.	держи́ держи́те		подержи́ подержи́те	

PARTICIPLES

PRES. ACT.	держа́щий	———
PRES. PASS.	———	———
PAST ACT.	держа́вший	подержа́вший
PAST PASS.	———	поде́ржанный
ADV. PART.	держа́	подержа́в(-ши)

SWIM UP TO

	IMPERFECTIVE ASPECT		PERFECTIVE ASPECT	
INF.	доплыва́ть		доплы́ть	
PRES.	доплыва́ю доплыва́ешь доплыва́ет	доплыва́ем доплыва́ете доплыва́ют	———	
PAST	доплыва́л доплыва́ла доплыва́ло доплыва́ли		доплы́л доплыла́ доплы́ло доплы́ли	
FUT.	бу́ду доплыва́ть бу́дешь доплыва́ть бу́дет доплыва́ть	бу́дем доплыва́ть бу́дете доплыва́ть бу́дут доплыва́ть	доплыву́ доплывёшь доплывёт	доплывём доплывёте доплыву́т
SUBJ.	доплыва́л бы доплыва́ла бы доплыва́ло бы доплыва́ли бы		доплы́л бы доплыла́ бы доплы́ло бы доплы́ли бы	
IMP.	доплыва́й доплыва́йте		доплыви́ доплыви́те	

PARTICIPLES

PRES. ACT.	доплыва́ющий	———
PRES. PASS.	———	———
PAST ACT.	доплыва́вший	доплы́вший
PAST PASS.	———	———
ADV. PART.	доплыва́я	доплы́в(-ши)

ДУМАТЬ / ПОДУМАТЬ

THINK

	IMPERFECTIVE ASPECT		PERFECTIVE ASPECT	
INF.	**ду́мать**		**поду́мать**	
PRES.	**ду́маю**	**ду́маем**	———	
	ду́маешь	**ду́маете**		
	ду́мает	**ду́мают**		
PAST	**ду́мал**		**поду́мал**	
	ду́мала		**поду́мала**	
	ду́мало		**поду́мало**	
	ду́мали		**поду́мали**	
FUT.	**бу́ду ду́мать**	**бу́дем ду́мать**	**поду́маю**	**поду́маем**
	бу́дешь ду́мать	**бу́дете ду́мать**	**поду́маешь**	**поду́маете**
	бу́дет ду́мать	**бу́дут ду́мать**	**поду́мает**	**поду́мают**
SUBJ.	**ду́мал бы**		**поду́мал бы**	
	ду́мала бы		**поду́мала бы**	
	ду́мало бы		**поду́мало бы**	
	ду́мали бы		**поду́мали бы**	
IMP.	**ду́май**		**поду́май**	
	ду́майте		**поду́майте**	

PARTICIPLES

PRES. ACT.	**ду́мающий**	———
PRES. PASS.	———	———
PAST ACT.	**ду́мавший**	**поду́мавший**
PAST PASS.	———	———
ADV. PART.	**ду́мая**	**поду́мав(-ши)**

BLOW

	IMPERFECTIVE ASPECT		PERFECTIVE ASPECT	
INF.	дуть		подýть	
PRES.	дýю	дýем		
	дýешь	дýете		
	дýет	дýют	———	
PAST	дул		подýл	
	дýла		подýла	
	дýло		подýло	
	дýли		подýли	
FUT.	бýду дуть	бýдем дуть	подýю	подýем
	бýдешь дуть	бýдете дуть	подýешь	подýете
	бýдет дуть	бýдут дуть	подýет	подýют
SUBJ.	дул бы		подýл бы	
	дýла бы		подýла бы	
	дýло бы		подýло бы	
	дýли бы		подýли бы	
IMP.	дуй		подýй	
	дýйте		подýйте	

PARTICIPLES

PRES. ACT.	дýющий	———
PRES. PASS.	———	———
PAST ACT.	дýвший	подýвший
PAST PASS.	———	———
ADV. PART.	дýя	подýв(-ши)

ЕЗДИТЬ*ЕХАТЬ / ПОЕХАТЬ (ВЪЕХАТЬ)

RIDE

IMPERFECTIVE

	INDETERMINATE		DETERMINATE	
INF.	**е́здить**		**е́хать**	
PRES.	**е́зжу**	**е́здим**	**е́ду**	**е́дем**
	е́здишь	**е́здите**	**е́дешь**	**е́дете**
	е́здит	**е́здят**	**е́дет**	**е́дут**
PAST	**е́здил**		**е́хал**	
	е́здила		**е́хала**	
	е́здило		**е́хало**	
	е́здили		**е́хали**	
FUT.	**бу́ду е́здить**	**бу́дем е́здить**	**бу́ду е́хать**	**бу́дем е́хать**
	бу́дешь е́здить	**бу́дете е́здить**	**бу́дешь е́хать**	**бу́дете е́хать**
	бу́дет е́здить	**бу́дут е́здить**	**бу́дет е́хать**	**бу́дут е́хать**
SUBJ.	**е́здил бы**		**е́хал бы**	
	е́здила бы		**е́хала бы**	
	е́здило бы		**е́хало бы**	
	е́здили бы		**е́хали бы**	
IMP.	———		**поезжа́й**	
	———		**поезжа́йте**	

PARTICIPLES

PRES. ACT.	**е́здящий**	**е́дущий**
PRES. PASS.	———	———
PAST ACT.	**е́здивший**	**е́хавший**
PAST PASS.	———	———
ADV. PART.	**е́здя**	———

EAT / CONSUME

	IMPERFECTIVE ASPECT		PERFECTIVE ASPECT	
INF.	**есть**		**съесть**	
PRES.	**ем**	**еди́м**		
	ешь	**еди́те**		
	ест	**едя́т**	———	
PAST	**ел**		**съел**	
	е́ла		**съе́ла**	
	е́ло		**съе́ло**	
	е́ли		**съе́ли**	
FUT.	**бу́ду есть**	**бу́дем есть**	**съем**	**съеди́м**
	бу́дешь есть	**бу́дете есть**	**съешь**	**съеди́те**
	бу́дет есть	**бу́дут есть**	**съест**	**съедя́т**
SUBJ.	**ел бы**		**съел бы**	
	е́ла бы		**съе́ла бы**	
	е́ло бы		**съе́ло бы**	
	е́ли бы		**съе́ли бы**	
IMP.	**ешь**		**съешь**	
	е́шьте		**съе́шьте**	

PARTICIPLES

PRES. ACT.	**едя́щий**	———
PRES. PASS.	———	———
PAST ACT.	**е́вший**	**съе́вший**
PAST PASS.	———	**съе́денный**
ADV. PART.	———	**съе́в(-ши)**

ЖАЛОВАТЬСЯ/ПОЖАЛОВАТЬСЯ

COMPLAIN

	IMPERFECTIVE ASPECT		PERFECTIVE ASPECT	
INF.	жа́ловаться		пожа́ловаться	
PRES.	жа́луюсь	жа́луемся	———	
	жа́луешься	жа́луетесь		
	жа́луется	жа́луются		
PAST	жа́ловался		пожа́ловался	
	жа́ловалась		пожа́ловалась	
	жа́ловалось		пожа́ловалось	
	жа́ловались		пожа́ловались	
FUT.	бу́ду жа́ловаться	бу́дем жа́ловаться	пожа́луюсь	пожа́луемся
	бу́дешь жа́ловаться	бу́дете жа́ловаться	пожа́луешься	пожа́луетесь
	бу́дет жа́ловаться	бу́дут жа́ловаться	пожа́лует ся	пожа́луются
SUBJ.	жа́ловался бы		пожа́ловался бы	
	жа́ловалась бы		пожа́ловалась бы	
	жа́ловалось бы		пожа́ловалось бы	
	жа́ловались бы		пожа́ловались бы	
IMP.	жа́луйся		пожа́луйся	
	жа́луйтесь		пожа́луйтесь	

PARTICIPLES

PRES. ACT.	жа́лующийся	———
PRES. PASS.	———	———
PAST ACT.	жа́ловавшийся	пожа́ловавшийся
PAST PASS.	———	———
ADV. PART.	жа́луясь	пожа́ловавшись

PRESS

	IMPERFECTIVE ASPECT		PERFECTIVE ASPECT	
INF.	жать		пожáть	
PRES.	жму	жмём	———	
	жмёшь	жмёте		
	жмёт	жмут		
PAST	жал		пожáл	
	жáла		пожáла	
	жáло		пожáло	
	жáли		пожáли	
FUT.	бýду жать	бýдем жать	пожмý	пожмём
	бýдешь жать	бýдете жать	пожмёшь	пожмёте
	бýдет жать	бýдут жать	пожмёт	пожмýт
SUBJ.	жал бы		пожáл бы	
	жáла бы		пожáла бы	
	жáло бы		пожáло бы	
	жáли бы		пожáли бы	
IMP.	жми		пожми́	
	жми́те		пожми́те	

PARTICIPLES

PRES. ACT.	жмýщий	———
PRES. PASS.	———	———
PAST ACT.	жáвший	пожáвший
PAST PASS.	———	пожáтый
ADV. PART.	———	пожáв(-ши)

ЖДАТЬ / ПОДОЖДАТЬ

WAIT

	IMPERFECTIVE ASPECT		PERFECTIVE ASPECT	
INF.	**ждать**		**подожда́ть**	
PRES.	**жду**	**ждём**	———	
	ждёшь	**ждёте**	———	
	ждёт	**ждут**		
PAST	**ждал**		**подожда́л**	
	ждала́		**подождала́**	
	жда́ло		**подожда́ло**	
	жда́ли		**подожда́ли**	
FUT.	**бу́ду ждать**	**бу́дем ждать**	**подожду́**	**подождём**
	бу́дешь ждать	**бу́дете ждать**	**подождёшь**	**подождёте**
	бу́дет ждать	**бу́дут ждать**	**подождёт**	**подожду́т**
SUBJ.	**ждал бы**		**подожда́л бы**	
	ждала́ бы		**подождала́ бы**	
	жда́ло бы		**подожда́ло бы**	
	жда́ли бы		**подожда́ли бы**	
IMP.	**жди**		**подожди́**	
	жди́те		**подожди́те**	

PARTICIPLES

PRES. ACT.	**жду́щий**	———
PRES. PASS.	———	———
PAST ACT.	**жда́вший**	**подожда́вший**
PAST PASS.	———	———
ADV. PART.	———	**подожда́в(-ши)**

WISH

	IMPERFECTIVE ASPECT		PERFECTIVE ASPECT	
INF.	**желáть**		**пожелáть**	
PRES.	**желáю**	**желáем**		
	желáешь	**желáете**	———	
	желáет	**желáют**		
PAST	**желáл**		**пожелáл**	
	желáла		**пожелáла**	
	желáло		**пожелáло**	
	желáли		**пожелáли**	
FUT.	**бýду желáть**	**бýдем желáть**	**пожелáю**	**пожелáем**
	бýдешь желáть	**бýдете желáть**	**пожелáешь**	**пожелáете**
	бýдет желáть	**бýдут желáть**	**пожелáет**	**пожелáют**
SUBJ.	**желáл бы**		**пожелáл бы**	
	желáла бы		**пожелáла бы**	
	желáло бы		**пожелáло бы**	
	желáли бы		**пожелáли бы**	
IMP.	**желáй**		**пожелáй**	
	желáйте		**пожелáйте**	

PARTICIPLES

PRES. ACT.	**желáющий**	———
PRES. PASS.	**желáемый**	———
PAST ACT.	**желáвший**	**пожелáвший**
PAST PASS.	———	———
ADV. PART.	**желáя**	**пожелáв(-ши)**

ЖЕНИТЬСЯ

MARRY (said of a man)

	IMPERFECTIVE ASPECT		and	PERFECTIVE ASPECT	
INF.			жени́ться		
PRES.	женю́сь	же́нимся			
	же́нишься	же́нитесь		———	
	же́нится	же́нятся			
PAST			жени́лся		
			———		
			———		
			жени́лись		
FUT.	бу́ду жени́ться	бу́дем жени́ться		женю́сь	же́нимся
	бу́дешь жени́ться	бу́дете жени́ться		же́нишься	же́нитесь
	бу́дет жени́ться	бу́дут жени́ться		же́нится	же́нятся
SUBJ.			жени́лся бы		
			———		
			———		
			жени́лись бы		
IMP.			жени́сь		
			жени́тесь		

PARTICIPLES

PRES. ACT.	женя́щийся	———	
PRES. PASS.	———	———	
PAST ACT.		жени́вшийся	
PAST PASS.	———	———	
ADV. PART.	женя́сь	жени́вшись	

BURN

	IMPERFECTIVE ASPECT		PERFECTIVE ASPECT	
INF.	жечь		сжечь	
PRES.	жгу	жжём	———	
	жжёшь	жжёте		
	жжёт	жгут		
PAST	жёг		сжёг	
	жгла		сожгла́	
	жгло		сожгло́	
	жгли		сожгли́	
FUT.	бу́ду жечь	бу́дем жечь	сожгу́	сожжём
	бу́дешь жечь	бу́дете жечь	сожжёшь	сожжёте
	бу́дет жечь	бу́дут жечь	сожжёт	сожгу́т
SUBJ.	жёг бы		сжёг бы	
	жгла бы		сожгла́ бы	
	жгло бы		сожгло́ бы	
	жгли бы		сожгли́ бы	
IMP.	жги		сожги́	
	жги́те		сожги́те	

PARTICIPLES

PRES. ACT.	жгу́щий	———
PRES. PASS.	———	———
PAST ACT.	жёгший	сжёгший
PAST PASS.		сожжённый (сожжён, сожжена́)
ADV. PART.	———	сжёгши

ЖИТЬ

LIVE

	IMPERFECTIVE ASPECT	PERFECTIVE ASPECT
INF.	**жить**	
PRES.	**живу́**	**живём**
	живёшь	**живёте**
	живёт	**живу́т**
PAST	**жил**	**не́ жил**
	жила́	**не жила́**
	жи́ло	**не́ жило**
	жи́ли	**не́ жили**
FUT.	**бу́ду жить**	**бу́дем жить**
	бу́дешь жить	**бу́дете жить**
	бу́дет жить	**бу́дут жить**
SUBJ.	**жил бы**	
	жила́ бы	
	жи́ло бы	
	жи́ли бы	
IMP.	**живи́**	
	живи́те	

PARTICIPLES

PRES. ACT. **живу́щий**

PRES. PASS. ———

PAST ACT. **жи́вший**

PAST PASS. ———

ADV. PART. **живя́**

FORGET

	IMPERFECTIVE ASPECT		PERFECTIVE ASPECT	
INF.	**забыва́ть**		**забы́ть**	
PRES.	**забыва́ю**	**забыва́ем**		
	забыва́ешь	**забыва́ете**	———	
	забыва́ет	**забыва́ют**		
PAST	**забыва́л**		**забы́л**	
	забыва́ла		**забы́ла**	
	забыва́ло		**забы́ло**	
	забыва́ли		**забы́ли**	
FUT.	**бу́ду забыва́ть**	**бу́дем забыва́ть**	**забу́ду**	**забу́дем**
	бу́дешь забыва́ть	**бу́дете забыва́ть**	**забу́дешь**	**забу́дете**
	бу́дет забыва́ть	**бу́дут забыва́ть**	**забу́дет**	**забу́дут**
SUBJ.	**забыва́л бы**		**забы́л бы**	
	забыва́ла бы		**забы́ла бы**	
	забыва́ло бы		**забы́ло бы**	
	забыва́ли бы		**забы́ли бы**	
IMP.	**забыва́й**		**забу́дь**	
	забыва́йте		**забу́дьте**	

PARTICIPLES

PRES. ACT.	**забыва́ющий**	———
PRES. PASS.	**забыва́емый**	———
PAST ACT.	**забыва́вший**	**забы́вший**
PAST PASS.	———	**забы́тый**
ADV. PART.	**забыва́я**	**забы́в(-ши)**

ЗАВТРАКАТЬ/ПОЗАВТРАКАТЬ

HAVE BREAKFAST

	IMPERFECTIVE ASPECT		PERFECTIVE ASPECT	
INF.	**за́втракать**		**поза́втракать**	
PRES.	**за́втракаю**	**за́втракаем**	———	
	за́втракаешь	**за́втракаете**		
	за́втракает	**за́втракают**		
PAST	**за́втракал**		**поза́втракал**	
	за́втракала		**поза́втракала**	
	за́втракало		**поза́втракало**	
	за́втракали		**поза́втракали**	
FUT.	**бу́ду за́втракать**	**бу́дем за́втракать**	**поза́втракаю**	**поза́втракаем**
	бу́дешь за́втракать	**бу́дете за́втракать**	**поза́втракаешь**	**поза́втракаете**
	бу́дет за́втракать	**бу́дут за́втракать**	**поза́втракает**	**поза́втракают**
SUBJ.	**за́втракал бы**		**поза́втракал бы**	
	за́втракала бы		**поза́втракала бы**	
	за́втракало бы		**поза́втракало бы**	
	за́втракали бы		**поза́втракали бы**	
IMP.	**за́втракай**		**поза́втракай**	
	за́втракайте		**поза́втракайте**	

PARTICIPLES

PRES. ACT.	**за́втракающий**	———
PRES. PASS.	———	———
PAST ACT.	**за́втракавший**	**поза́втракавший**
PAST PASS.	———	———
ADV. PART.	**за́втракая**	**поза́втракав(-ши)**

ORDER

	IMPERFECTIVE ASPECT		PERFECTIVE ASPECT	
INF.	**зака́зывать**		**заказа́ть**	
PRES.	**зака́зываю**	**зака́зываем**	———	
	зака́зываешь	**зака́зываете**		
	зака́зывает	**зака́зывают**		
PAST	**зака́зывал**		**заказа́л**	
	зака́зывала		**заказа́ла**	
	зака́зывало		**заказа́ло**	
	зака́зывали		**заказа́ли**	
FUT.	**бу́ду зака́зывать**	**бу́дем зака́зывать**	**закажу́**	**зака́жем**
	бу́дешь зака́зывать	**бу́дете зака́зывать**	**зака́жешь**	**зака́жете**
	бу́дет зака́зывать	**бу́дут зака́зывать**	**зака́жет**	**зака́жут**
SUBJ.	**зака́зывал бы**		**заказа́л бы**	
	зака́зывала бы		**заказа́ла бы**	
	зака́зывало бы		**заказа́ло бы**	
	зака́зывали бы		**заказа́ли бы**	
IMP.	**зака́зывай**		**закажи́**	
	зака́зывайте		**закажи́те**	

PARTICIPLES

PRES. ACT.	**зака́зывающий**	———
PRES. PASS.	**зака́зываемый**	———
PAST ACT.	**зака́зывавший**	**заказа́вший**
PAST PASS.	———	**зака́занный**
ADV. PART.	**зака́зывая**	**заказа́в(-ши)**

CLOSE

	IMPERFECTIVE ASPECT		PERFECTIVE ASPECT	
INF.	**закрыва́ть**		**закры́ть**	
PRES.	**закрыва́ю**	**закрыва́ем**	———	
	закрыва́ешь	**закрыва́ете**		
	закрыва́ет	**закрыва́ют**		
PAST	**закрыва́л**		**закры́л**	
	закрыва́ла		**закры́ла**	
	закрыва́ло		**закры́ло**	
	закрыва́ли		**закры́ли**	
FUT.	**бу́ду закрыва́ть**	**бу́дем закрыва́ть**	**закро́ю**	**закро́ем**
	бу́дешь закрыва́ть	**бу́дете закрыва́ть**	**закро́ешь**	**закро́ете**
	бу́дет закрыва́ть	**бу́дут закрыва́ть**	**закро́ет**	**закро́ют**
SUBJ.	**закрыва́л бы**		**закры́л бы**	
	закрыва́ла бы		**закры́ла бы**	
	закрыва́ло бы		**закры́ло бы**	
	закрыва́ли бы		**закры́ли бы**	
IMP.	**закрыва́й**		**закро́й**	
	закрыва́йте		**закро́йте**	

PARTICIPLES

PRES. ACT.	**закрыва́ющий**	———
PRES. PASS.	**закрыва́емый**	———
PAST ACT.	**закрыва́вший**	**закры́вший**
PAST PASS.	———	**закры́тый**
ADV. PART.	**закрыва́я**	**закры́в(-ши)**

FREEZE

	IMPERFECTIVE ASPECT		PERFECTIVE ASPECT	
INF.	замерза́ть		замёрзнуть	
PRES.	замерза́ю	замерза́ем	———	
	замерза́ешь	замерза́ете		
	замерза́ет	замерза́ют		
PAST	замерза́л		замёрз	
	замерза́ла		замёрзла	
	замерза́ло		замёрзло	
	замерза́ли		замёрзли	
FUT.	бу́ду замерза́ть	бу́дем замерза́ть	замёрзну	замёрзнем
	бу́дешь замерза́ть	бу́дете замерза́ть	замёрзнешь	замёрзнете
	бу́дет замерза́ть	бу́дут замерза́ть	замёрзнет	замёрзнут
SUBJ.	замерза́л бы		замёрз бы	
	замерза́ла бы		замёрзла бы	
	замерза́ло бы		замёрзло бы	
	замерза́ли бы		замёрзли бы	
IMP.	замерза́й		замёрзни	
	замерза́йте		замёрзните	

PARTICIPLES

PRES. ACT.	замерза́ющий	———
PRES. PASS.	———	———
PAST ACT.	замерза́вший	замёрзший
PAST PASS.	———	———
ADV. PART.	замерза́я	замёрзши

NOTICE

	IMPERFECTIVE ASPECT		PERFECTIVE ASPECT	
INF.	**замечáть**		**замéтить**	
PRES.	**замечáю** **замечáешь** **замечáет**	**замечáем** **замечáете** **замечáют**	———	
PAST	**замечáл** **замечáла** **замечáло** **замечáли**		**замéтил** **замéтила** **замéтило** **замéтили**	
FUT.	**бýду замечáть** **бýдешь замечáть** **бýдет замечáть**	**бýдем замечáть** **бýдете замечáть** **бýдут замечáть**	**замéчу** **замéтишь** **замéтит**	**замéтим** **замéтите** **замéтят**
SUBJ.	**замечáл бы** **замечáла бы** **замечáло бы** **замечáли бы**		**замéтил бы** **замéтила бы** **замéтило бы** **замéтили бы**	
IMP.	**замечáй** **замечáйте**		**замéть** **замéтьте**	

PARTICIPLES

PRES. ACT.	**замечáющий**	———
PRES. PASS.	**замечáемый**	———
PAST ACT.	**замечáвший**	**замéтивший**
PAST PASS.	———	**замéченный**
ADV. PART.	**замечáя**	**замéтив(-ши)**

OCCUPY
STUDY

	IMPERFECTIVE ASPECT		PERFECTIVE ASPECT	
INF.	**занима́ть**		**заня́ть**	
PRES.	**занима́ю**	**занима́ем**		
	занима́ешь	**занима́ете**	———	
	занима́ет	**занима́ют**		
PAST	**занима́л**		**за́нял**	
	занима́ла		**заняла́**	
	занима́ло		**за́няло**	
	занима́ли		**за́няли**	
FUT.	**бу́ду занима́ть**	**бу́дем занима́ть**	**займу́***	**займём**
	бу́дешь занима́ть	**бу́дете занима́ть**	**займёшь**	**займёте**
	бу́дет занима́ть	**бу́дут занима́ть**	**займёт**	**займу́т**
SUBJ.	**занима́л бы**		**за́нял бы**	
	занима́ла бы		**заняла́ бы**	
	занима́ло бы		**за́няло бы**	
	занима́ли бы		**за́няли бы**	
IMP.	**занима́й**		**займи́**	
	занима́йте		**займи́те**	

PARTICIPLES

PRES. ACT.	**занима́ющий**	———
PRES. PASS.	**занима́емый**	———
PAST ACT.	**занима́вший**	**заня́вший**
PAST PASS.	———	**за́нятый (за́нят, занята́, за́нято)**
ADV. PART.	**занима́я**	**заня́в(-ши)**

*Compounds **подня́ть, приня́ть, снять**
have perfective future stress as follows
подниму́, подни́мешь, подни́мут
приму́, при́мешь, при́мут
сниму́, сни́мешь, сни́мут

NOTE DOWN

	IMPERFECTIVE ASPECT		PERFECTIVE ASPECT	
INF.	**запи́сывать**		**записа́ть**	
PRES.	**запи́сываю**	**запи́сываем**		
	запи́сываешь	**запи́сываете**	———	
	запи́сывает	**запи́сывают**		
PAST	**запи́сывал**		**записа́л**	
	запи́сывала		**записа́ла**	
	запи́сывало		**записа́ло**	
	запи́сывали		**записа́ли**	
FUT.	**бу́ду запи́сывать**	**бу́дем запи́сывать**	**запишу́**	**запи́шем**
	бу́дешь запи́сывать	**бу́дете запи́сывать**	**запи́шешь**	**запи́шете**
	бу́дет запи́сывать	**бу́дут запи́сывать**	**запи́шет**	**запи́шут**
SUBJ.	**запи́сывал бы**		**записа́л бы**	
	запи́сывала бы		**записа́ла бы**	
	запи́сывало бы		**записа́ло бы**	
	запи́сывали бы		**записа́ли бы**	
IMP.	**запи́сывай**		**запиши́**	
	запи́сывайте		**запиши́те**	

PARTICIPLES

PRES. ACT.	**запи́сывающий**	———
PRES. PASS.	**запи́сываемый**	———
PAST ACT.	**запи́сывавший**	**записа́вший**
PAST PASS.	———	**запи́санный**
ADV. PART.	**запи́сывая**	**записа́в(-ши)**

MEMORIZE

	IMPERFECTIVE ASPECT		PERFECTIVE ASPECT	
INF.	**запомина́ть**		**запо́мнить**	
PRES.	**запомина́ю**	**запомина́ем**		
	запомина́ешь	**запомина́ете**	———	
	запомина́ет	**запомина́ют**		
PAST	**запомина́л**		**запо́мнил**	
	запомина́ла		**запо́мнила**	
	запомина́ло		**запо́мнило**	
	запомина́ли		**запо́мнили**	
FUT.	**бу́ду запомина́ть**	**бу́дем запомина́ть**	**запо́мню**	**запо́мним**
	бу́дешь запомина́ть	**бу́дете запомина́ть**	**запо́мнишь**	**запо́мните**
	бу́дет запомина́ть	**бу́дут запомина́ть**	**запо́мнит**	**запо́мнят**
SUBJ.	**запомина́л бы**		**запо́мнил бы**	
	запомина́ла бы		**запо́мнила бы**	
	запомина́ло бы		**запо́мнило бы**	
	запомина́ли бы		**запо́мнили бы**	
IMP.	**запомина́й**		**запо́мни**	
	запомина́йте		**запо́мните**	

PARTICIPLES

PRES. ACT.	**запомина́ющий**	———
PRES. PASS.	**запомина́емый**	———
PAST ACT.	**запомина́вший**	**запо́мнивший**
PAST PASS.	———	———
ADV. PART.	**запомина́я**	**запо́мнив(-ши)**

ЗАРАБАТЫВАТЬ / ЗАРАБОТАТЬ

EARN

	IMPERFECTIVE ASPECT		PERFECTIVE ASPECT	
INF.	**зараба́тывать**		**заработа́ть**	
PRES.	**зараба́тываю**	**зараба́тываем**	———	
	зараба́тываешь	**зараба́тываете**		
	зараба́тывает	**зараба́тывают**		
PAST	**зараба́тывал**		**заработа́л**	
	зараба́тывала		**заработа́ла**	
	зараба́тывало		**заработа́ло**	
	зараба́тывали		**заработа́ли**	
FUT.	**бу́ду зараба́тывать**	**бу́дем зараба́тывать**	**заработа́ю**	**заработа́ем**
	бу́дешь	**бу́дете**	**заработа́ешь**	**заработа́ете**
	бу́дет	**бу́дут**	**заработа́ет**	**заработа́ют**
SUBJ.	**зараба́тывал бы**		**заработа́л бы**	
	зараба́тывала бы		**заработа́ла бы**	
	зараба́тывало бы		**заработа́ло бы**	
	зараба́тывали бы		**заработа́ли бы**	
IMP.	**зараба́тывай**		**заработа́й**	
	зараба́тывайте		**заработа́йте**	

PARTICIPLES

PRES. ACT.	**зараба́тывающий**	———
PRES. PASS.	**зараба́тываемый**	———
PAST ACT.	**зараба́тывавший**	**заработа́вший**
PAST PASS.	———	**заработа́нный**
ADV. PART.	**зараба́тывая**	**заработа́в(-ши)**

CROSS OUT

	IMPERFECTIVE ASPECT		PERFECTIVE ASPECT	
INF.	**зачёркивать**		**зачеркну́ть**	
PRES.	**зачёркиваю**	**зачёркиваем**	———	
	зачёркиваешь	**зачёркиваете**		
	зачёркивает	**зачёркивают**		
PAST	**зачёркивал**		**зачеркну́л**	
	зачёркивала		**зачеркну́ла**	
	зачёркивало		**зачеркну́ло**	
	зачёркивали		**зачеркну́ли**	
FUT.	**бу́ду зачёркивать**	**бу́дем зачёркивать**	**зачеркну́**	**зачеркнём**
	бу́дешь зачёркивать	**бу́дете зачёркивать**	**зачеркнёшь**	**зачеркнёте**
	бу́дет зачёркивать	**бу́дут зачёркивать**	**зачеркнёт**	**зачеркну́т**
SUBJ.	**зачёркивал бы**		**зачеркну́л бы**	
	зачёркивала бы		**зачеркну́ла бы**	
	зачёркивало бы		**зачеркну́ло бы**	
	зачёркивали бы		**зачеркну́ли бы**	
IMP.	**зачёркивай**		**зачеркни́**	
	зачёркивайте		**зачеркни́те**	

PARTICIPLES

PRES. ACT.	**зачёркивающий**	———
PRES. PASS.	**зачёркиваемый**	———
PAST ACT.	**зачёркивавший**	**зачеркну́вший**
PAST PASS.	———	**зачёркнутый**
ADV. PART.	**зачёркивая**	**зачеркну́в(-ши)**

ЗВАТЬ / ПОЗВАТЬ

CALL, NAME

	IMPERFECTIVE ASPECT		PERFECTIVE ASPECT	
INF.	**звать**		**позва́ть**	
PRES.	**зову́**	**зовём**	———	
	зовёшь	**зовёте**		
	зовёт	**зову́т**		
PAST	**звал**		**позва́л**	
	звала́		**позвала́**	
	зва́ло		**позва́ло**	
	зва́ли		**позва́ли**	
FUT.	**бу́ду звать**	**бу́дем звать**	**позову́**	**позовём**
	бу́дешь звать	**бу́дете звать**	**позовёшь**	**позовёте**
	бу́дет звать	**бу́дут звать**	**позовёт**	**позову́т**
SUBJ.	**звал бы**		**позва́л бы**	
	звала́ бы		**позвала́ бы**	
	зва́ло бы		**позва́ло бы**	
	зва́ли бы		**позва́ли бы**	
IMP.	**зови́**		**позови́**	
	зови́те		**позови́те**	

PARTICIPLES

PRES. ACT.	**зову́щий**	———
PRES. PASS.	———	———
PAST ACT.	**зва́вший**	**позва́вший**
PAST PASS.	———	**по́званный**
ADV. PART.	———	**позва́в(-ши)**

RING

	IMPERFECTIVE ASPECT		PERFECTIVE ASPECT	
INF.	**звони́ть**		**позвони́ть**	
PRES.	**звоню́**	**звони́м**		
	звони́шь	**звони́те**		
	звони́т	**звоня́т**	———	
PAST	**звони́л**		**позвони́л**	
	звони́ла		**позвони́ла**	
	звони́ло		**позвони́ло**	
	звони́ли		**позвони́ли**	
FUT.	**бу́ду звони́ть**	**бу́дем звони́ть**	**позвоню́**	**позвони́м**
	бу́дешь звони́ть	**бу́дете звони́ть**	**позвони́шь**	**позвони́те**
	бу́дет звони́ть	**бу́дут звони́ть**	**позвони́т**	**позвоня́т**
SUBJ.	**звони́л бы**		**позвони́л бы**	
	звони́ла бы		**позвони́ла бы**	
	звони́ло бы		**позвони́ло бы**	
	звони́ли бы		**позвони́ли бы**	
IMP.	**звони́**		**позвони́**	
	звони́те		**позвони́те**	

PARTICIPLES

PRES. ACT.	**звоня́щий**	———
PRES. PASS.	———	———
PAST ACT.	**звони́вший**	**позвони́вший**
PAST PASS.	———	———
ADV. PART.	**звоня́**	**позвони́в(-ши)**

ЗНАКОМИТЬ / ПОЗНАКОМИТЬ
ЗНАКОМИТЬСЯ / ПОЗНАКОМИТЬСЯ

ACQUAINT
GET ACQUAINTED

	IMPERFECTIVE ASPECT		PERFECTIVE ASPECT	
INF.	**знако́мить**		**познако́мить**	
PRES.	**знако́млю**	**знако́мим**		
	знако́мишь	**знако́мите**	———	
	знако́мит	**знако́мят**		
PAST	**знако́мил**		**познако́мил**	
	знако́мила		**познако́мила**	
	знако́мило		**познако́мило**	
	знако́мили		**познако́мили**	
FUT.	**бу́ду знако́мить**	**бу́дем знако́мить**	**познако́млю**	**познако́мим**
	бу́дешь знако́мить	**бу́дете знако́мить**	**познако́мишь**	**познако́мите**
	бу́дет знако́мить	**бу́дут знако́мить**	**познако́мит**	**познако́мят**
SUBJ.	**знако́мил бы**		**познако́мил бы**	
	знако́мила бы		**познако́мила бы**	
	знако́мило бы		**познако́мило бы**	
	знако́мили бы		**познако́мили бы**	
IMP.	**знако́мь**		**познако́мь**	
	знако́мьте		**познако́мьте**	

PARTICIPLES

PRES. ACT.	**знако́мящий**	———
PRES. PASS.	———	———
PAST ACT.	**знако́мивший**	**познако́мивший**
PAST PASS.	———	———
ADV. PART.	**знако́мя**	**познако́мив(-ши)**

KNOW

	IMPERFECTIVE ASPECT	PERFECTIVE ASPECT
INF.	**знать**	
PRES.	**зна́ю** **зна́ешь** **зна́ет**	**зна́ем** **зна́ете** **зна́ют**
PAST	**знал** **зна́ла** **зна́ло** **зна́ли**	
FUT.	**бу́ду знать** **бу́дешь знать** **бу́дет знать**	**бу́дем знать** **бу́дете знать** **бу́дут знать**
SUBJ.	**знал бы** **зна́ла бы** **зна́ло бы** **зна́ли бы**	
IMP.	**знай** **зна́йте**	

PARTICIPLES

PRES. ACT.	**зна́ющий**
PRES. PASS.	**зна́емый**
PAST ACT.	**зна́вший**
PAST PASS.	———
ADV. PART.	**зна́я**

PLAY

	IMPERFECTIVE ASPECT		PERFECTIVE ASPECT	
INF.	**игра́ть**		**сыгра́ть**	
PRES.	**игра́ю** **игра́ешь** **игра́ет**	**игра́ем** **игра́ете** **игра́ют**	———	
PAST	**игра́л** **игра́ла** **игра́ло** **игра́ли**		**сыгра́л** **сыгра́ла** **сыгра́ло** **сыгра́ли**	
FUT.	**бу́ду игра́ть** **бу́дешь игра́ть** **бу́дет игра́ть**	**бу́дем игра́ть** **бу́дете игра́ть** **бу́дут игра́ть**	**сыгра́ю** **сыгра́ешь** **сыгра́ет**	**сыгра́ем** **сыгра́ете** **сыгра́ют**
SUBJ.	**игра́л бы** **игра́ла бы** **игра́ло бы** **игра́ли бы**		**сыгра́л бы** **сыгра́ла бы** **сыгра́ло бы** **сыгра́ли бы**	
IMP.	**игра́й** **игра́йте**		**сыгра́й** **сыгра́йте**	

PARTICIPLES

PRES. ACT.	**игра́ющий**	———
PRES. PASS.	**игра́емый**	———
PAST ACT.	**игра́вший**	**сыгра́вший**
PAST PASS.	———	**сы́гранный**
ADV. PART.	**игра́я**	**сыгра́в(-ши)**

CHOOSE

	IMPERFECTIVE ASPECT		PERFECTIVE ASPECT	
INF.	**избира́ть**		**избра́ть**	
PRES.	**избира́ю** **избира́ешь** **избира́ет**	**избира́ем** **избира́ете** **избира́ют**	———	
PAST	**избира́л** **избира́ла** **избира́ло** **избира́ли**		**избра́л** **избрала́** **избра́ло** **избра́ли**	
FUT.	**бу́ду избира́ть** **бу́дешь избира́ть** **бу́дет избира́ть**	**бу́дем избира́ть** **бу́дете избира́ть** **бу́дут избира́ть**	**изберу́** **изберёшь** **изберёт**	**изберём** **изберёте** **изберу́т**
SUBJ.	**избира́л бы** **избира́ла бы** **избира́ло бы** **избира́ли бы**		**избра́л бы** **избрала́ бы** **избра́ло бы** **избра́ли бы**	
IMP.	**избира́й** **избира́йте**		**изберú** **изберú́те**	

PARTICIPLES

PRES. ACT.	**избира́ющий**	———
PRES. PASS.	**избира́емый**	———
PAST ACT.	**избира́вший**	**избра́вший**
PAST PASS.	———	**и́збранный**
ADV. PART.	**избира́я**	**избра́в(-ши)**

EXCUSE

	IMPERFECTIVE ASPECT		PERFECTIVE ASPECT	
INF.	извиня́ть		извини́ть	
PRES.	извиня́ю извиня́ешь извиня́ет	извиня́ем извиня́ете извиня́ют	———	
PAST	извиня́л извиня́ла извиня́ло извиня́ли		извини́л извини́ла извини́ло извини́ли	
FUT.	бу́ду извиня́ть бу́дешь извиня́ть бу́дет извиня́ть	бу́дем извиня́ть бу́дете извиня́ть бу́дут извиня́ть	извиню́ извини́шь извини́т	извини́м извини́те извиня́т
SUBJ.	извиня́л бы извиня́ла бы извиня́ло бы извиня́ли бы		извини́л бы извини́ла бы извини́ло бы извини́ли бы	
IMP.	извиня́й извиня́йте		извини́ извини́те	

PARTICIPLES

PRES. ACT.	извиня́ющий	———
PRES. PASS.	извиня́емый	———
PAST ACT.	извиня́вший	извини́вший
PAST PASS.	———	извинённый (извинён, извинена́)
ADV. PART.	извиня́я	извини́в(-ши)

CHANGE
BECOME CHANGED

	IMPERFECTIVE ASPECT		PERFECTIVE ASPECT	
INF.	**изменя́ть**		**измени́ть**	
PRES.	**изменя́ю** **изменя́ешь** **изменя́ет**	**изменя́ем** **изменя́ете** **изменя́ют**	———	
PAST	**изменя́л** **изменя́ла** **изменя́ло** **изменя́ли**		**измени́л** **измени́ла** **измени́ло** **измени́ли**	
FUT.	**бу́ду изменя́ть** **бу́дешь изменя́ть** **бу́дет изменя́ть**	**бу́дем изменя́ть** **бу́дете изменя́ть** **бу́дут изменя́ть**	**изменю́** **изме́нишь** **изме́нит**	**изме́ним** **изме́ните** **изме́нят**
SUBJ.	**изменя́л бы** **изменя́ла бы** **изменя́ло бы** **изменя́ли бы**		**измени́л бы** **измени́ла бы** **измени́ло бы** **измени́ли бы**	
IMP.	**изменя́й** **изменя́йте**		**измени́** **измени́те**	

PARTICIPLES

PRES. ACT.	**изменя́ющий**	———
PRES. PASS.	**изменя́емый**	———
PAST ACT.	**изменя́вший**	**измени́вший**
PAST PASS.	———	**изменённый (изменён, изменена́)**
ADV. PART.	**изменя́я**	**измени́в(-ши)**

ИЗОБРЕТАТЬ / ИЗОБРЕСТИ

INVENT

	IMPERFECTIVE ASPECT		PERFECTIVE ASPECT	
INF.	изобрета́ть		изобрести́	
PRES.	изобрета́ю изобрета́ешь изобрета́ет	изобрета́ем изобрета́ете изобрета́ют	———	
PAST	изобрета́л изобрета́ла изобрета́ло изобрета́ли		изобрёл изобрела́ изобрело́ изобрели́	
FUT.	бу́ду изобрета́ть бу́дешь изобрета́ть бу́дет изобрета́ть	бу́дем изобрета́ть бу́дете изобрета́ть бу́дут изобрета́ть	изобрету́ изобретёшь изобретёт	изобретём изобретёте изобрету́т
SUBJ.	изобрета́л бы изобрета́ла бы изобрета́ло бы изобрета́ли бы		изобрёл бы изобрела́ бы изобрело́ бы изобрели́ бы	
IMP.	изобрета́й изобрета́йте		изобрети́ изобрети́те	

PARTICIPLES

PRES. ACT.	изобрета́ющий	———
PRES. PASS.	изобрета́емый	———
PAST ACT.	изобрета́вший	изобре́тший
PAST PASS.	———	изобретённый (изобретён, изобретена́)
ADV. PART.	изобрета́я	изобрета́

STUDY, LEARN

	IMPERFECTIVE ASPECT		PERFECTIVE ASPECT	
INF.	**изуча́ть**		**изучи́ть**	
PRES.	**изуча́ю** **изуча́ешь** **изуча́ет**	**изуча́ем** **изуча́ете** **изуча́ют**	———	
PAST	**изуча́л** **изуча́ла** **изуча́ло** **изуча́ли**		**изучи́л** **изучи́ла** **изучи́ло** **изучи́ли**	
FUT.	**бу́ду изуча́ть** **бу́дешь изуча́ть** **бу́дет изуча́ть**	**бу́дем изуча́ть** **бу́дете изуча́ть** **бу́дут изуча́ть**	**изучу́** **изу́чишь** **изу́чит**	**изу́чим** **изу́чите** **изу́чат**
SUBJ.	**изуча́л бы** **изуча́ла бы** **изуча́ло бы** **изуча́ли бы**		**изучи́л бы** **изучи́ла бы** **изучи́ло бы** **изучи́ли бы**	
IMP.	**изуча́й** **изуча́йте**		**изучи́** **изучи́те**	

PARTICIPLES

PRES. ACT.	**изуча́ющий**	———
PRES. PASS.	**изуча́емый**	———
PAST ACT.	**изуча́вший**	**изучи́вший**
PAST PASS.	———	**изу́ченный**
ADV. PART.	**изуча́я**	**изучи́в(-ши)**

ИМЕТЬ

HAVE

	IMPERFECTIVE ASPECT		PERFECTIVE ASPECT
INF.	**име́ть**		
PRES.	**име́ю**	**име́ем**	
	име́ешь	**име́ете**	
	име́ет	**име́ют**	———
PAST	**име́л**		
	име́ла		
	име́ло		
	име́ли		
FUT.	**бу́ду име́ть**	**бу́дем име́ть**	
	бу́дешь име́ть	**бу́дете име́ть**	
	бу́дет име́ть	**бу́дут име́ть**	
SUBJ.	**име́л бы**		
	име́ла бы		
	име́ло бы		
	име́ли бы		
IMP.	**име́й**		
	име́йте		

PARTICIPLES

PRES. ACT. **име́ющий**

PRES. PASS. **име́емый**

PAST ACT. **име́вший**

PAST PASS. ———

ADV. PART. **име́я**

INTEREST
BE INTERESTED

	IMPERFECTIVE ASPECT		PERFECTIVE ASPECT	
INF.	интересова́ть		заинтересова́ть	
PRES.	интересу́ю интересу́ешь интересу́ет	интересу́ем интересу́ете интересу́ют	———	
PAST	интересова́л интересова́ла интересова́ло интересова́ли		заинтересова́л заинтересова́ла заинтересова́ло заинтересова́ли	
FUT.	бу́ду бу́дешь бу́дет интересова́ть	бу́дем бу́дете бу́дут интересова́ть	заинтересу́ю заинтересу́ешь заинтересу́ет	заинтересу́ем заинтересу́ете заинтересу́ют
SUBJ.	интересова́л бы интересова́ла бы интересова́ло бы интересова́ли бы		заинтересова́л бы заинтересова́ла бы заинтересова́ло бы заинтересова́ли бы	
IMP.	интересу́й интересу́йте		заинтересу́й заинтересу́йте	

PARTICIPLES

PRES. ACT.	интересу́ющий	———
PRES. PASS.	интересу́емый	———
PAST ACT.	интересова́вший	заинтересова́вший
PAST PASS.	———	заинтересо́ванный
ADV. PART.	интересу́я	заинтересова́в(-ши)

SEARCH FOR

	IMPERFECTIVE ASPECT		PERFECTIVE ASPECT	
INF.	**иска́ть**		**поиска́ть**	
PRES.	**ищу́**	**и́щем**		
	и́щешь	**и́щете**	———	
	и́щет	**и́щут**		
PAST	**иска́л**		**поиска́л**	
	иска́ла		**поиска́ла**	
	иска́ло		**поиска́ло**	
	иска́ли		**поиска́ли**	
FUT.	**бу́ду иска́ть**	**бу́дем иска́ть**	**поищу́**	**пои́щем**
	бу́дешь иска́ть	**бу́дете иска́ть**	**пои́щешь**	**пои́щете**
	бу́дет иска́ть	**бу́дут иска́ть**	**пои́щет**	**пои́щут**
SUBJ.	**иска́л бы**		**поиска́л бы**	
	иска́ла бы		**поиска́ла бы**	
	иска́ло бы		**поиска́ло бы**	
	иска́ли бы		**поиска́ли бы**	
IMP.	**ищи́**		**поищи́**	
	ищи́те		**поищи́те**	

PARTICIPLES

PRES. ACT.	**и́щущий**	———
PRES. PASS.	———	———
PAST ACT.	**иска́вший**	**поиска́вший**
PAST PASS.	———	———
ADV. PART.	**ища́**	**поиска́в(-ши)**

DISAPPEAR

	IMPERFECTIVE ASPECT		PERFECTIVE ASPECT	
INF.	исчеза́ть		исче́знуть	
PRES.	исчеза́ю исчеза́ешь исчеза́ет	исчеза́ем исчеза́ете исчеза́ют	———	
PAST	исчеза́л исчеза́ла исчеза́ло исчеза́ли		исче́з исче́зла исче́зло исче́зли	
FUT.	бу́ду исчеза́ть бу́дешь исчеза́ть бу́дет исчеза́ть	бу́дем исчеза́ть бу́дете исчеза́ть бу́дут исчеза́ть	исче́зну исче́знешь исче́знет	исче́знем исче́знете исче́знут
SUBJ.	исчеза́л бы исчеза́ла бы исчеза́ло бы исчеза́ли бы		исче́з бы исче́зла бы исче́зло бы исче́зли бы	
IMP.	исчеза́й исчеза́йте		исче́зни исче́зните	

PARTICIPLES

PRES. ACT.	исчеза́ющий	———
PRES. PASS.	———	———
PAST ACT.	исчеза́вший	исче́знувший
PAST PASS.	———	———
ADV. PART.	исчеза́я	исче́знув(-ши)

КАЗАТЬСЯ/ПОКАЗАТЬСЯ

SEEM

	IMPERFECTIVE ASPECT		PERFECTIVE ASPECT	
INF.	**каза́ться**		**показа́ться**	
PRES.	**кажу́сь**	**ка́жемся**		
	ка́жешься	**ка́жетесь**	———	
	ка́жется	**ка́жутся**		
PAST	**каза́лся**		**показа́лся**	
	каза́лась		**показа́лась**	
	каза́лось		**показа́лось**	
	каза́лись		**показа́лись**	
FUT.	**бу́ду каза́ться**	**бу́дем каза́ться**	**покажу́сь**	**пока́жемся**
	бу́дешь каза́ться	**бу́дете каза́ться**	**пока́жешься**	**пока́жетесь**
	бу́дет каза́ться	**бу́дут каза́ться**	**пока́жется**	**пока́жутся**
SUBJ.	**каза́лся бы**		**показа́лся бы**	
	каза́лась бы		**показа́лась бы**	
	каза́лось бы		**показа́лось бы**	
	каза́лись бы		**показа́лись бы**	
IMP.	**кажи́сь**		**покажи́сь**	
	кажи́тесь		**покажи́тесь**	

PARTICIPLES

PRES. ACT.	**ка́жущийся**	———
PRES. PASS.	———	———
PAST ACT.	**каза́вшийся**	**показа́вшийся**
PAST PASS.	———	———
ADV. PART.	———	**показа́вшись**

TOUCH, CONCERN

	IMPERFECTIVE ASPECT		PERFECTIVE ASPECT	
INF.	**каса́ться**		**косну́ться**	
	каса́юсь	**каса́емся**	———	
	каса́ешься	**каса́етесь**		
	каса́ется	**каса́ются**		
PAST	**каса́лся**		**косну́лся**	
	каса́лась		**косну́лась**	
	каса́лось		**косну́лось**	
	каса́лись		**косну́лись**	
FUT.	**бу́ду каса́ться**	**бу́дем каса́ться**	**косну́сь**	**коснёмся**
	бу́дешь каса́ться	**бу́дете каса́ться**	**коснёшься**	**коснётесь**
	бу́дет каса́ться	**бу́дут каса́ться**	**коснётся**	**косну́тся**
SUBJ.	**каса́лся бы**		**косну́лся бы**	
	каса́лась бы		**косну́лась бы**	
	каса́лось бы		**косну́лось бы**	
	каса́лись бы		**косну́лись бы**	
IMP.	**каса́йся**		**косни́сь**	
	каса́йтесь		**косни́тесь**	

PARTICIPLES

PRES. ACT.	**каса́ющийся**	———
PRES. PASS.	———	———
PAST ACT.	**каса́вшийся**	**косну́вшийся**
PAST PASS.	———	———
ADV. PART.	**каса́ясь**	**косну́вшись**

PLACE (flat)

	IMPERFECTIVE ASPECT		PERFECTIVE ASPECT	
INF.	**класть**		**положи́ть**	
PRES.	**кладу́** **кладёшь** **кладёт**	**кладём** **кладёте** **кладу́т**	———	
PAST	**клал** **кла́ла** **кла́ло** **кла́ли**		**положи́л** **положи́ла** **положи́ло** **положи́ли**	
FUT.	**бу́ду класть** **бу́дешь класть** **бу́дет класть**	**бу́дем класть** **бу́дете класть** **бу́дут класть**	**положу́** **поло́жишь** **поло́жит**	**поло́жим** **поло́жите** **поло́жат**
SUBJ.	**клал бы** **кла́ла бы** **кла́ло бы** **кла́ли бы**		**положи́л бы** **положи́ла бы** **положи́ло бы** **положи́ли бы**	
IMP.	**клади́** **клади́те**		**положи́** **положи́те**	

PARTICIPLES

PRES. ACT.	**кладу́щий**	———
PRES. PASS.	———	———
PAST ACT.	**кла́вший**	**положи́вший**
PAST PASS.	———	**поло́женный**
ADV. PART.	**кладя́**	**положи́в(-ши)**

FINISH

	IMPERFECTIVE ASPECT		PERFECTIVE ASPECT	
INF.	**конча́ть**		**ко́нчить**	
PRES.	**конча́ю** **конча́ешь** **конча́ет**	**конча́ем** **конча́ете** **конча́ют**	———	
PAST	**конча́л** **конча́ла** **конча́ло** **конча́ли**		**ко́нчил** **ко́нчила** **ко́нчило** **ко́нчили**	
FUT.	**бу́ду конча́ть** **бу́дешь конча́ть** **бу́дет конча́ть**	**бу́дем конча́ть** **бу́дете конча́ть** **бу́дут конча́ть**	**ко́нчу** **ко́нчишь** **ко́нчит**	**ко́нчим** **ко́нчите** **ко́нчат**
SUBJ.	**конча́л бы** **конча́ла бы** **конча́ло бы** **конча́ли бы**		**ко́нчил бы** **ко́нчила бы** **ко́нчило бы** **ко́нчили бы**	
IMP.	**конча́й** **конча́йте**		**ко́нчи** **ко́нчите**	

PARTICIPLES

PRES. ACT.	**конча́ющий**	———
PRES. PASS.	**конча́емый**	———
PAST ACT.	**конча́вший**	**ко́нчивший**
PAST PASS.	———	**ко́нченный**
ADV. PART.	**конча́я**	**ко́нчив(-ши)**

КРАСТЬ / УКРАСТЬ

STEAL

	IMPERFECTIVE ASPECT		PERFECTIVE ASPECT	
INF.	**красть**		**укра́сть**	
PRES.	**краду́** **крадёшь** **крадёт**	**крадём** **крадёте** **краду́т**	———	
PAST	**крал** **кра́ла** **кра́ло** **кра́ли**		**укра́л** **укра́ла** **укра́ло** **укра́ли**	
FUT.	**бу́ду красть** **бу́дешь красть** **бу́дет красть**	**бу́дем красть** **бу́дете красть** **бу́дут красть**	**украду́** **украдёшь** **украдёт**	**украдём** **украдёте** **украду́т**
SUBJ.	**крал бы** **кра́ла бы** **кра́ло бы** **кра́ли бы**		**укра́л бы** **укра́ла бы** **укра́ло бы** **укра́ли бы**	
IMP.	**крадú** **крадú́те**		**крадú** **крадú́те**	

PARTICIPLES

PRES. ACT.	**краду́щий**	———
PRES. PASS.	———	———
PAST ACT.	**кра́вший**	**укра́вший**
PAST PASS.	———	**укра́денный**
ADV. PART.	**крадя́**	**укра́в(-ши)**

SHOUT/GIVE A SHOUT

	IMPERFECTIVE ASPECT		PERFECTIVE ASPECT	
INF.	**кричáть**		**крúкнуть**	
PRES.	**кричý**	**кричúм**		
	кричúшь	**кричúте**	———	
	кричúт	**кричáт**		
PAST	**кричáл**		**крúкнул**	
	кричáла		**крúкнула**	
	кричáло		**крúкнуло**	
	кричáли		**крúкнули**	
FUT.	**бýду кричáть**	**бýдем кричáть**	**крúкну**	**крúкнем**
	бýдешь кричáть	**бýдете кричáть**	**крúкнешь**	**крúкнете**
	бýдет кричáть	**бýдут кричáть**	**крúкнет**	**крúкнут**
SUBJ.	**кричáл бы**		**крúкнул бы**	
	кричáла бы		**крúкнула бы**	
	кричáло бы		**крúкнуло бы**	
	кричáли бы		**крúкнули бы**	
IMP.	**кричú**		**крúкни**	
	кричúте		**крúкните**	

PARTICIPLES

PRES. ACT.	**кричáщий**	———
PRES. PASS.	———	———
PAST ACT.	**кричáвший**	**крúкнувший**
PAST PASS.	———	**крúкнутый**
ADV. PART.	**кричá**	**крúкнув(-ши)**

SMOKE

	IMPERFECTIVE ASPECT		PERFECTIVE ASPECT	
INF.	**кури́ть**		**покури́ть**	
PRES.	**курю́** **ку́ришь** **ку́рит**	**ку́рим** **ку́рите** **ку́рят**	———	
PAST	**кури́л** **кури́ла** **кури́ло** **кури́ли**		**покури́л** **покури́ла** **покури́ло** **покури́ли**	
FUT.	**бу́ду кури́ть** **бу́дешь кури́ть** **бу́дет кури́ть**	**бу́дем кури́ть** **бу́дете кури́ть** **бу́дут кури́ть**	**покурю́** **поку́ришь** **поку́рит**	**поку́рим** **поку́рите** **поку́рят**
SUBJ.	**кури́л бы** **кури́ла бы** **кури́ло бы** **кури́ли бы**		**покури́л бы** **покури́ла бы** **покури́ло бы** **покури́ли бы**	
IMP.	**кури́** **кури́те**		**покури́** **покури́те**	

PARTICIPLES

PRES. ACT.	**куря́щий**	———
PRES. PASS.	———	———
PAST ACT.	**кури́вший**	**покури́вший**
PAST PASS.	———	**поку́ренный**
ADV. PART.	**куря́**	**покури́в(-ши)**

BE LYING

	IMPERFECTIVE ASPECT		PERFECTIVE ASPECT	
INF.	**лежа́ть**		**полежа́ть**	
PRES.	**лежу́**	**лежи́м**		
	лежи́шь	**лежи́те**	———	
	лежи́т	**лежа́т**		
PAST	**лежа́л**		**полежа́л**	
	лежа́ла		**полежа́ла**	
	лежа́ло		**полежа́ло**	
	лежа́ли		**полежа́ли**	
FUT.	**бу́ду лежа́ть**	**бу́дем лежа́ть**	**полежу́**	**полежи́м**
	бу́дешь лежа́ть	**бу́дете лежа́ть**	**полежи́шь**	**полежи́те**
	бу́дет лежа́ть	**бу́дут лежа́ть**	**полежи́т**	**полежа́т**
SUBJ.	**лежа́л бы**		**полежа́л бы**	
	лежа́ла бы		**полежа́ла бы**	
	лежа́ло бы		**полежа́ло бы**	
	лежа́ли бы		**полежа́ли бы**	
IMP.	**лежи́**		**полежи́**	
	лежи́те		**полежи́те**	

PARTICIPLES

PRES. ACT.	**лежа́щий**	———
PRES. PASS.	———	———
PAST ACT.	**лежа́вший**	**полежа́вший**
PAST PASS.	———	———
ADV. PART.	**лёжа**	**полежа́в(-ши)**

ЛЕТАТЬ*ЛЕТЕТЬ/ПОЛЕТЕТЬ (ВЛЕТЕТЬ)

FLY

Imperfective

	INDETERMINATE		DETERMINATE	
INF.	**лета́ть**		**лете́ть**	
PRES.	**лета́ю**	**лета́ем**	**лечу́**	**лети́м**
	лета́ешь	**лета́ете**	**лети́шь**	**лети́те**
	лета́ет	**лета́ют**	**лети́т**	**летя́т**
PAST	**лета́л**		**лете́л**	
	лета́ла		**лете́ла**	
	лета́ло		**лете́ло**	
	лета́ли		**лете́ли**	
FUT.	**бу́ду лета́ть**	**бу́дем лета́ть**	**бу́ду лете́ть**	**бу́дем лете́ть**
	бу́дешь лета́ть	**бу́дете лета́ть**	**бу́дешь лете́ть**	**бу́дете лете́ть**
	бу́дет лета́ть	**бу́дут лета́ть**	**бу́дет лете́ть**	**бу́дут лете́ть**
SUBJ.	**лета́л бы**		**лете́л бы**	
	лета́ла бы		**лете́ла бы**	
	лета́ло бы		**лете́ло бы**	
	лета́ли бы		**лете́ли бы**	
IMP.	**лета́й**		**лети́**	
	лета́йте		**лети́те**	

PARTICIPLES

PRES. ACT.	**лета́ющий**	**летя́щий**
PRES. PASS.	———	———
PAST ACT.	**лета́вший**	**лете́вший**
PAST PASS.	———	———
ADV. PART.	**лета́я**	**летя́**

TREAT / CURE

	IMPERFECTIVE ASPECT		PERFECTIVE ASPECT	
INF.	**лечи́ть**		**вы́лечить**	
PRES.	**лечу́**	**ле́чим**		
	ле́чишь	**ле́чите**	———	
	ле́чит	**ле́чат**		
PAST	**лечи́л**		**вы́лечил**	
	лечи́ла		**вы́лечила**	
	лечи́ло		**вы́лечило**	
	лечи́ли		**вы́лечили**	
FUT.	**бу́ду лечи́ть**	**бу́дем лечи́ть**	**вы́лечу**	**вы́лечим**
	бу́дешь лечи́ть	**бу́дете лечи́ть**	**вы́лечишь**	**вы́лечите**
	бу́дет лечи́ть	**бу́дут лечи́ть**	**вы́лечит**	**вы́лечат**
SUBJ.	**лечи́л бы**		**вы́лечил бы**	
	лечи́ла бы		**вы́лечила бы**	
	лечи́ло бы		**вы́лечило бы**	
	лечи́ли бы		**вы́лечили бы**	
IMP.	**лечи́**		**вы́лечи**	
	лечи́те		**вы́лечите**	

PARTICIPLES

PRES. ACT.	**ле́чащий**	———
PRES. PASS.	———	———
PAST ACT.	**лечи́вший**	**вы́лечивший**
PAST PASS.	———	**вы́леченный**
ADV. PART.	**леча́**	**вы́лечив(-ши)**

POUR

	IMPERFECTIVE ASPECT		PERFECTIVE ASPECT	
INF.	**лить**		**нали́ть**	
PRES.	**лью** **льёшь** **льёт**	**льём** **льёте** **льют**	———	
PAST	**лил** **лила́** **ли́ло** **ли́ли**		**на́лил (нали́л)** **налила́** **на́лило (нали́ло)** **на́лили (нали́ли)**	
FUT.	**бу́ду лить** **бу́дешь лить** **бу́дет лить**	**бу́дем лить** **бу́дете лить** **бу́дут лить**	**нальё** **нальёшь** **нальёт**	**нальём** **нальёте** **налью́т**
SUBJ.	**лил бы** **лила́ бы** **ли́ло бы** **ли́ли бы**		**на́лил (нали́л) бы** **налила́ бы** **на́лило (нали́ло) бы** **на́лили (нали́ли) бы**	
IMP.	**лей** **ле́йте**		**нале́й** **нале́йте**	

PARTICIPLES

PRES. ACT.	**лью́щий**	———
PRES. PASS.	———	———
PAST ACT.	**ли́вший**	**нали́вший**
PAST PASS.	———	**на́литый (нали́тый)**
ADV. PART.	———	**нали́в(-ши)**

HUNT/CATCH

	IMPERFECTIVE ASPECT		PERFECTIVE ASPECT	
INF.	**лови́ть**		**пойма́ть**	
PRES.	**ловлю́** **ло́вишь** **ло́вит**	**ло́вим** **ло́вите** **ло́вят**	———	
PAST	**лови́л** **лови́ла** **лови́ло** **лови́ли**		**пойма́л** **пойма́ла** **пойма́ло** **пойма́ли**	
FUT.	**бу́ду лови́ть** **бу́дешь лови́ть** **бу́дет лови́ть**	**бу́дем лови́ть** **бу́дете лови́ть** **бу́дут лови́ть**	**пойма́ю** **пойма́ешь** **пойма́ет**	**пойма́ем** **пойма́ете** **пойма́ют**
SUBJ.	**лови́л бы** **лови́ла бы** **лови́ло бы** **лови́ли бы**		**пойма́л бы** **пойма́ла бы** **пойма́ло бы** **пойма́ли бы**	
IMP.	**лови́** **лови́те**		**пойма́й** **пойма́йте**	

PARTICIPLES

PRES. ACT.	**ловя́щий**	———
PRES. PASS.	———	———
PAST ACT.	**лови́вший**	**пойма́вший**
PAST PASS.	———	**по́йманный**
ADV. PART.	**лови́**	**пойма́в(-ши)**

LIE DOWN

	IMPERFECTIVE ASPECT		PERFECTIVE ASPECT	
INF.	**ложи́ться**		**лечь**	
PRES.	**ложу́сь**	**ложи́мся**	———	
	ложи́шься	**ложи́тесь**		
	ложи́тся	**ложа́тся**		
PAST	**ложи́лся**		**лёг**	
	ложи́лась		**легла́**	
	ложи́лось		**легло́**	
	ложи́лись		**легли́**	
FUT.	**бу́ду ложи́ться**	**бу́дем ложи́ться**	**ля́гу**	**ля́жем**
	бу́дешь ложи́ться	**бу́дете ложи́ться**	**ля́жешь**	**ля́жете**
	бу́дет ложи́ться	**бу́дут ложи́ться**	**ля́жет**	**ля́гут**
SUBJ.	**ложи́лся бы**		**лёг бы**	
	ложи́лась бы		**легла́ бы**	
	ложи́лось бы		**легло́ бы**	
	ложи́лись бы		**легли́ бы**	
IMP.	**ложи́сь**		**ляг**	
	ложи́тесь		**ля́гте**	

PARTICIPLES

PRES. ACT.	**ложа́щийся**	———
PRES. PASS.	———	———
PAST ACT.	**ложи́вшийся**	**лёгший**
PAST PASS.	———	———
ADV. PART.	**ложа́сь**	**лёгши**

LIKE, LOVE

	IMPERFECTIVE ASPECT		PERFECTIVE ASPECT	
INF.	**люби́ть**		**полюби́ть**	
PRES.	**люблю́** **лю́бишь** **лю́бит**	**лю́бим** **лю́бите** **лю́бят**	———	
PAST	**люби́л** **люби́ла** **люби́ло** **люби́ли**		**полюби́л** **полюби́ла** **полюби́ло** **полюби́ли**	
FUT.	**бу́ду люби́ть** **бу́дешь люби́ть** **бу́дет люби́ть**	**бу́дем люби́ть** **бу́дете люби́ть** **бу́дут люби́ть**	**полюблю́** **полю́бишь** **полю́бит**	**полю́бим** **полю́бите** **полю́бят**
SUBJ.	**люби́л бы** **люби́ла бы** **люби́ло бы** **люби́ли бы**		**полюби́л бы** **полюби́ла бы** **полюби́ло бы** **полюби́ли бы**	
IMP.	**люби́** **люби́те**		**полюби́** **полюби́те**	

PARTICIPLES

PRES. ACT.	**лю́бящий**	———
PRES. PASS.	**люби́мый**	———
PAST ACT.	**люби́вший**	**полюби́вший**
PAST PASS.	———	———
ADV. PART.	**люб́я**	**полюби́в(-ши)**

HINDER

	IMPERFECTIVE ASPECT		PERFECTIVE ASPECT	
INF.	**меша́ть**		**помеша́ть**	
PRES.	**меша́ю** **меша́ешь** **меша́ет**	**меша́ем** **меша́ете** **меша́ют**	———	
PAST	**меша́л** **меша́ла** **меша́ло** **меша́ли**		**помеша́л** **помеша́ла** **помеша́ло** **помеша́ли**	
FUT.	**бу́ду меша́ть** **бу́дешь меша́ть** **бу́дет меша́ть**	**бу́дем меша́ть** **бу́дете меша́ть** **бу́дут меша́ть**	**помеша́ю** **помеша́ешь** **помеша́ет**	**помеша́ем** **помеша́ете** **помеша́ют**
SUBJ.	**меша́л бы** **меша́ла бы** **меша́ло бы** **меша́ли бы**		**помеша́л бы** **помеша́ла бы** **помеша́ло бы** **помеша́ли бы**	
IMP.	**меша́й** **меша́йте**		**помеша́й** **помеша́йте**	

PARTICIPLES

PRES. ACT.	**меша́ющий**	———
PRES. PASS.	———	———
PAST ACT.	**меша́вший**	**помеша́вший**
PAST PASS.	———	———
ADV. PART.	**меша́я**	**помеша́в(-ши)**

BE ABLE

	IMPERFECTIVE ASPECT		PERFECTIVE ASPECT	
INF.	**мочь**		**смочь**	
PRES.	**могу́** **мо́жешь** **мо́жет**	**мо́жем** **мо́жете** **мо́гут**	———	
PAST	**мог** **могла́** **могло́** **могли́**		**смог** **смогла́** **смогло́** **смогли́**	
FUT.	———		**смогу́** **смо́жешь** **смо́жет**	**смо́жем** **смо́жете** **смо́гут**
SUBJ.	**мог бы** **могла́ бы** **могло́ бы** **могли́ бы**		**смог бы** **смогла́ бы** **смогло́ бы** **смогли́ бы**	
IMP.	——— ———		——— ———	

PARTICIPLES

PRES. ACT.	**могу́щий**	———
PRES. PASS.	———	———
PAST ACT.	**мо́гший**	**смо́гший**
PAST PASS.	———	———
ADV. PART.	———	———

мыть / вымыть
мыться / вымыться

WASH
WASH ONESELF

	IMPERFECTIVE ASPECT		PERFECTIVE ASPECT	
INF.	мыть		вы́мыть	
PRES.	мо́ю	мо́ем	———	
	мо́ешь	мо́ете		
	мо́ет	мо́ют		
PAST	мы́л		вы́мыл	
	мы́ла		вы́мыла	
	мы́ло		вы́мыло	
	мы́ли		вы́мыли	
FUT.	бу́ду мыть	бу́дем мыть	вы́мою	вы́моем
	бу́дешь мыть	бу́дете мыть	вы́моешь	вы́моете
	бу́дет мыть	бу́дут мыть	вы́моет	вы́моют
SUBJ.	мы́л бы		вы́мыл бы	
	мы́ла бы		вы́мыла бы	
	мы́ло бы		вы́мыло бы	
	мы́ли бы		вы́мыли бы	
IMP.	мой		вы́мой	
	мо́йте		вы́мойте	

PARTICIPLES

PRES. ACT.	мо́ющий	———
PRES. PASS.	———	———
PAST ACT.	мы́вший	вы́мывший
PAST PASS.	———	вы́мытый
ADV. PART.	мо́я	вы́мыв(ши)

HOPE

	IMPERFECTIVE ASPECT		PERFECTIVE ASPECT	
INF.	**надéяться**		**понадéяться**	
PRES.	**надéюсь**	**надéемся**		
	надéешься	**надéетесь**		
	надéется	**надéются**	———	
PAST	**надéялся**		**понадéялся**	
	надéялась		**понадéялась**	
	надéялось		**понадéялось**	
	надéялись		**понадéялись**	
FUT.	**бýду надéяться**	**бýдем надéяться**	**понадéюсь**	**понадéемся**
	бýдешь надéяться	**бýдете надéяться**	**понадéешься**	**понадéетесь**
	бýдет надéяться	**бýдут надéяться**	**понадéется**	**понадéются**
SUBJ.	**надéялся бы**		**понадéялся бы**	
	надéялась бы		**понадéялась бы**	
	надéялось бы		**понадéялось бы**	
	надéялись бы		**понадéялись бы**	
IMP.	**надéйся**		**понадéйся**	
	надéйтесь		**понадéйтесь**	

PARTICIPLES

PRES. ACT.	**надéющийся**	———
PRES. PASS.	———	———
PAST ACT.	**надéявшийся**	**понадéявшийся**
PAST PASS.	———	———
ADV. PART.	**надéясь**	**понадéявшись**

НАЗЫВАТЬ / НАЗВАТЬ

NAME

	IMPERFECTIVE ASPECT		PERFECTIVE ASPECT	
INF.	называ́ть		назва́ть	
PRES.	называ́ю	называ́ем	———	
	называ́ешь	называ́ете		
	называ́ет	называ́ют		
PAST	называ́л		назва́л	
	называ́ла		назвала́	
	называ́ло		назва́ло	
	называ́ли		назва́ли	
FUT.	бу́ду называ́ть	бу́дем называ́ть	назову́	назовём
	бу́дешь называ́ть	бу́дете называ́ть	назовёшь	назовёте
	бу́дет называ́ть	бу́дут называ́ть	назовёт	назову́т
SUBJ.	называ́л бы		назва́л бы	
	называ́ла бы		назвала́ бы	
	называ́ло бы		назва́ло бы	
	называ́ли бы		назва́ли бы	
IMP.	называ́й		назови́	
	называ́йте		назови́те	

PARTICIPLES

PRES. ACT.	называ́ющий	———
PRES. PASS.	называ́емый	———
PAST ACT.	называ́вший	назва́вший
PAST PASS.	———	на́званный
ADV. PART.	называ́я	назва́в(-ши)

BEGIN

	IMPERFECTIVE ASPECT		PERFECTIVE ASPECT	
INF.	**начина́ть**		**нача́ть**	
PRES.	**начина́ю**	**начина́ем**		
	начина́ешь	**начина́ете**	———	
	начина́ет	**начина́ют**		
PAST	**начина́л**		**на́чал**	
	начина́ла		**начала́**	
	начина́ло		**на́чало**	
	начина́ли		**на́чали**	
FUT.	**бу́ду начина́ть**	**бу́дем начина́ть**	**начну́**	**начнём**
	бу́дешь начина́ть	**бу́дете начина́ть**	**начнёшь**	**начнёте**
	бу́дет начина́ть	**бу́дут начина́ть**	**начнёт**	**начну́т**
SUBJ.	**начина́л бы**		**на́чал бы**	
	начина́ла бы		**начала́ бы**	
	начина́ло бы		**на́чало бы**	
	начина́ли бы		**на́чали бы**	
IMP.	**начина́й**		**начни́**	
	начина́йте		**начни́те**	

PARTICIPLES

PRES. ACT.	**начина́ющий**	———
PRES. PASS.	**начина́емый**	———
PAST ACT.	**начина́вший**	**нача́вший**
PAST PASS.	———	**на́чатый (на́чат, начата́, на́чато)**
ADV. PART.	**начина́я**	**нача́в(-ши)**

НОСИТЬ*НЕСТИ/ПОНЕСТИ (ВНЕСТИ)

CARRY

IMPERFECTIVE

	INDETERMINATE		DETERMINATE	
INF.	носи́ть		нести́	
PRES.	ношу́	но́сим	несу́	несём
	но́сишь	но́сите	несёшь	несёте
	но́сит	но́сят	несёт	несу́т
PAST	носи́л		нёс	
	носи́ла		несла́	
	носи́ло		несло́	
	носи́ли		несли́	
FUT.	бу́ду носи́ть	бу́дем носи́ть	бу́ду нести́	бу́дем нести́
	бу́дешь носи́ть	бу́дете носи́ть	бу́дешь нести́	бу́дете нести́
	бу́дет носи́ть	бу́дут носи́ть	бу́дет нести́	бу́дут нести́
SUBJ.	носи́л бы		нёс бы	
	носи́ла бы		несла́ бы	
	носи́ло бы		несло́ бы	
	носи́ли бы		несли́ бы	
IMP.	носи́		неси́	
	носи́те		неси́те	

PARTICIPLES

PRES. ACT.	нося́щий	несу́щий
PRES. PASS.	носи́мый	———
PAST ACT.	носи́вший	нёсший
PAST PASS.	———	———
ADV. PART.	нося́	неся́

BE PLEASING

	IMPERFECTIVE ASPECT		PERFECTIVE ASPECT	
INF.	**нра́виться**		**понра́виться**	
PRES.	**нра́влюсь** **нра́вишься** **нра́вится**	**нра́вимся** **нра́витесь** **нра́вятся**	———	
PAST	**нра́вился** **нра́вилась** **нра́вилось** **нра́вились**		**понра́вился** **понра́вилась** **понра́вилось** **понра́вились**	
FUT.	**бу́ду нра́виться** **бу́дешь нра́виться** **бу́дет нра́виться**	**бу́дем нра́виться** **бу́дете нра́виться** **бу́дут нра́виться**	**понра́влюсь** **понра́вишься** **понра́вится**	**понра́вимся** **понра́витесь** **понра́вятся**
SUBJ.	**нра́вился бы** **нра́вилась бы** **нра́вилось бы** **нра́вились бы**		**понра́вился бы** **понра́вилась бы** **понра́вилось бы** **понра́вились бы**	
IMP.	——— ———		——— ———	

PARTICIPLES

PRES. ACT.	**нра́вящийся**	———
PRES. PASS.	———	———
PAST ACT.	**нра́вившийся**	**понра́вившийся**
PAST PASS.	———	———
ADV. PART.	**нра́вясь**	**понра́вившись**

ОБГОНЯТЬ / ОБОГНАТЬ

OUTDISTANCE

	IMPERFECTIVE ASPECT		PERFECTIVE ASPECT	
INF.	**обгоня́ть**		**обогна́ть**	
PRES.	**обгоня́ю**	**обгоня́ем**		
	обгоня́ешь	**обгоня́ете**	———	
	обгоня́ет	**обгоня́ют**		
PAST	**обгоня́л**		**обогна́л**	
	обгоня́ла		**обогнала́**	
	обгоня́ло		**обогна́ло**	
	обгоня́ли		**обогна́ли**	
FUT.	**бу́ду обгоня́ть**	**бу́дем обгоня́ть**	**обгоню́**	**обго́ним**
	бу́дешь обгоня́ть	**бу́дете обгоня́ть**	**обго́нишь**	**обго́ните**
	бу́дет обгоня́ть	**бу́дут обгоня́ть**	**обго́нит**	**обго́нят**
SUBJ.	**обгоня́л бы**		**обогна́л бы**	
	обгоня́ла бы		**обогнала́ бы**	
	обгоня́ло бы		**обогна́ло бы**	
	обгоня́ли бы		**обогна́ли бы**	
IMP.	**обгоня́й**		**обгони́**	
	обгоня́йте		**обгони́те**	

PARTICIPLES

PRES. ACT.	**обгоня́ющий**	———
PRES. PASS.	**обгоня́емый**	———
PAST ACT.	**обгоня́вший**	**обогна́вший**
PAST PASS.	———	**обо́гнанный**
ADV. PART.	**обгоня́я**	**обогна́в(-ши)**

HAVE DINNER

	IMPERFECTIVE ASPECT		PERFECTIVE ASPECT	
INF.	**обéдать**		**пообéдать**	
PRES.	**обéдаю** **обéдаешь** **обéдает**	**обéдаем** **обéдаете** **обéдают**	———	
PAST	**обéдал** **обéдала** **обéдало** **обéдали**		**пообéдал** **пообéдала** **пообéдало** **пообéдали**	
FUT.	**бýду обéдать** **бýдешь обéдать** **бýдет обéдать**	**бýдем обéдать** **бýдете обéдать** **бýдут обéдать**	**пообéдаю** **пообéдаешь** **пообéдает**	**пообéдаем** **пообéдаете** **пообéдают**
SUBJ.	**обéдал бы** **обéдала бы** **обéдало бы** **обéдали бы**		**пообéдал бы** **пообéдала бы** **пообéдало бы** **пообéдали бы**	
IMP.	**обéдай** **обéдайте**		**пообéдай** **пообéдайте**	

PARTICIPLES

PRES. ACT.	**обéдающий**	———
PRES. PASS.	———	———
PAST ACT.	**обéдавший**	**пообéдавший**
PAST PASS.	———	———
ADV. PART.	**обéдая**	**пообéдав(-ши)**

PROMISE

	IMPERFECTIVE ASPECT		and	PERFECTIVE ASPECT	
INF.			**обещáть**		
PRES.	**обещáю** **обещáешь** **обещáет**	**обещáем** **обещáете** **обещáют**		———	
PAST			**обещáл** **обещáла** **обещáло** **обещáли**		
FUT.	**бýду обещáть** **бýдешь обещáть** **бýдет обещáть**	**бýдем обещáть** **бýдете обещáть** **бýдут обещáть**		**обещáю** **обещáешь** **обещáет**	**обещáем** **обещáете** **обещáют**
SUBJ.			**обещáл бы** **обещáла бы** **обещáло бы** **обещáли бы**		
IMP.			**обещáй** **обещáйте**		

PARTICIPLES

PRES. ACT.	**обещáющий**		———
PRES. PASS.	**обещáемый**		———
PAST ACT.		**обещáвший**	
PAST PASS.	———		**обéщанный**
ADV. PART.	**обещáя**		**обещáв(-ши)**

EXPLAIN

	IMPERFECTIVE ASPECT		PERFECTIVE ASPECT	
INF.	объясня́ть		объясни́ть	
PRES.	объясня́ю	объясня́ем		
	объясня́ешь	объясня́ете		
	объясня́ет	объясня́ют	———	
PAST	объясня́л		объясни́л	
	объясня́ла		объясни́ла	
	объясня́ло		объясни́ло	
	объясня́ли		объясни́ли	
FUT.	бу́ду объясня́ть	бу́дем объясня́ть	объясню́	объясни́м
	бу́дешь объясня́ть	бу́дете объясня́ть	объясни́шь	объясни́те
	бу́дет объясня́ть	бу́дут объясня́ть	объясни́т	объясня́т
SUBJ.	объясня́л бы		объясни́л бы	
	объясня́ла бы		объясни́ла бы	
	объясня́ло бы		объясни́ло бы	
	объясня́ли бы		объясни́ли бы	
IMP.	объясня́й		объясни́	
	объясня́йте		объясни́те	

PARTICIPLES

PRES. ACT.	объясня́ющий	———
PRES. PASS.	объясня́емый	———
PAST ACT.	объясня́вший	объясни́вший
PAST PASS.	———	объяснённый (объяснён, объяснена́)
ADV. PART.	объясня́я	объясни́в(-ши)

ОДЕВАТЬ / ОДЕТЬ
ОДЕВАТЬСЯ / ОДЕТЬСЯ

DRESS
GET DRESSED

	IMPERFECTIVE ASPECT		PERFECTIVE ASPECT	
INF.	одева́ть		оде́ть	
PRES.	одева́ю	одева́ем	———	
	одева́ешь	одева́ете		
	одева́ет	одева́ют		
PAST	одева́л		оде́л	
	одева́ла		оде́ла	
	одева́ло		оде́ло	
	одева́ли		оде́ли	
FUT.	бу́ду одева́ть	бу́дем одева́ть	оде́ну	оде́нем
	бу́дешь одева́ть	бу́дете одева́ть	оде́нешь	оде́нете
	бу́дет одева́ть	бу́дут одева́ть	оде́нет	оде́нут
SUBJ.	одева́л бы		оде́л бы	
	одева́ла бы		оде́ла бы	
	одева́ло бы		оде́ло бы	
	одева́ли бы		оде́ли бы	
IMP.	одева́й		оде́нь	
	одева́йте		оде́ньте	

PARTICIPLES

PRES. ACT.	одева́ющий	———
PRES. PASS.	одева́емый	———
PAST ACT.	одева́вший	оде́вший
PAST PASS.	———	оде́тый
ADV. PART.	одева́я	оде́в(-ши)

BE LATE

	IMPERFECTIVE ASPECT		PERFECTIVE ASPECT	
INF.	опáздывать		опоздáть	
PRES.	опáздываю опáздываешь опáздывает	опáздываем опáздываете опáздывают	———	
PAST	опáздывал опáздывала опáздывало опáздывали		опоздáл опоздáла опоздáло опоздáли	
FUT.	бýду опáздывать бýдешь опáздывать бýдет опáздывать	бýдем опáздывать бýдете опáздывать бýдут опáздывать	опоздáю опоздáешь опоздáет	опоздáем опоздáете опоздáют
SUBJ.	опáздывал бы опáздывала бы опáздывало бы опáздывали бы		опоздáл бы опоздáла бы опоздáло бы опоздáли бы	
IMP.	опáздывай опáздывайте		опоздáй опоздáйте	

PARTICIPLES

PRES. ACT.	опáздывающий	———
PRES. PASS.	———	———
PAST ACT.	опáздывавший	опоздáвший
PAST PASS.	———	———
ADV. PART.	опáздывая	опоздáв(-ши)

LOOK OVER

	IMPERFECTIVE ASPECT		PERFECTIVE ASPECT	
INF.	осма́тривать		осмотре́ть	
PRES.	осма́триваю	осма́триваем	———	
	осма́триваешь	осма́триваете		
	осма́тривает	осма́тривают		
PAST	осма́тривал		осмотре́л	
	осма́тривала		осмотре́ла	
	осма́тривало		осмотре́ло	
	осма́тривали		осмотре́ли	
FUT.	бу́ду осма́тривать	бу́дем осма́тривать	осмотрю́	осмо́трим
	бу́дешь осма́тривать	бу́дете осма́тривать	осмо́тришь	осмо́трите
	бу́дет осма́тривать	бу́дут осма́тривать	осмо́трит	осмо́трят
SUBJ.	осма́тривал бы		осмотре́л бы	
	осма́тривала бы		осмотре́ла бы	
	осма́тривало бы		осмотре́ло бы	
	осма́тривали бы		осмотре́ли бы	
IMP.	осма́тривай		осмотри́	
	осма́тривайте		осмотри́те	

PARTICIPLES

PRES. ACT.	осма́тривающий	———
PRES. PASS.	осма́триваемый	———
PAST ACT.	осма́тривавший	осмотре́вший
PAST PASS.	———	осмо́тренный
ADV. PART.	осма́тривая	осмотре́в(-ши)

REMAIN

	IMPERFECTIVE ASPECT		PERFECTIVE ASPECT	
INF.	оставáться		остáться	
PRES.	остаю́сь	остаёмся	———	
	остаёшься	остаётесь		
	остаётся	остаю́тся		
PAST	оставáлся		остáлся	
	оставáлась		остáлась	
	оставáлось		остáлось	
	оставáлись		остáлись	
FUT.	бу́ду оставáться	бу́дем оставáться	остáнусь	остáнемся
	бу́дешь оставáться	бу́дете оставáться	остáнешься	остáнетесь
	бу́дет оставáться	бу́дут оставáться	остáнется	остáнутся
SUBJ.	оставáлся бы		остáлся бы	
	оставáлась бы		остáлась бы	
	оставáлось бы		остáлось бы	
	оставáлись бы		остáлись бы	
IMP.	оставáйся		остáнься	
	оставáйтесь		остáньтесь	

PARTICIPLES

PRES. ACT.	остаю́щийся	———
PRES. PASS.	———	———
PAST ACT.	оставáвшийся	остáвшийся
PAST PASS.	———	———
ADV. PART.	оставáясь	остáвшись

LEAVE BEHIND

	IMPERFECTIVE ASPECT		PERFECTIVE ASPECT	
INF.	**оставля́ть**		**оста́вить**	
PRES.	**оставля́ю**	**оставля́ем**	———	
	оставля́ешь	**оставля́ете**		
	оставля́ет	**оставля́ют**		
PAST	**оставля́л**		**оста́вил**	
	оставля́ла		**оста́вила**	
	оставля́ло		**оста́вило**	
	оставля́ли		**оста́вили**	
FUT.	**бу́ду оставля́ть**	**бу́дем оставля́ть**	**оста́влю**	**оста́вим**
	бу́дешь оставля́ть	**бу́дете оставля́ть**	**оста́вишь**	**оста́вите**
	бу́дет оставля́ть	**бу́дут оставля́ть**	**оста́вит**	**оста́вят**
SUBJ.	**оставля́л бы**		**оста́вил бы**	
	оставля́ла бы		**оста́вила бы**	
	оставля́ло бы		**оста́вило бы**	
	оставля́ли бы		**оста́вили бы**	
IMP.	**оставля́й**		**оста́вь**	
	оставля́йте		**оста́вьте**	

PARTICIPLES

PRES. ACT.	**оставля́ющий**	———
PRES. PASS.	**оставля́емый**	———
PAST ACT.	**оставля́вший**	**оста́вивший**
PAST PASS.	———	**оста́вленный**
ADV. PART.	**оставля́я**	**оста́вив(-ши)**

ОСТАНАВЛИВАТЬ / ОСТАНОВИТЬ
ОСТАНАВЛИВАТЬСЯ / ОСТАНОВИТЬСЯ

BRING TO A STOP
COME TO A STOP

	IMPERFECTIVE ASPECT		PERFECTIVE ASPECT	
INF.	**остана́вливать**		**останови́ть**	
PRES.	**остана́вливаю** **остана́вливаешь** **остана́вливает**	**остана́вливаем** **остана́вливаете** **остана́вливают**	———	
PAST	**остана́вливал** **остана́вливала** **остана́вливало** **остана́вливали**		**останови́л** **останови́ла** **останови́ло** **останови́ли**	
FUT.	**бу́ду** **бу́дешь** **бу́дет** **остана́вливать**	**бу́дем** **бу́дете** **бу́дут** **остана́вливать**	**остановлю́** **остано́вишь** **остано́вит**	**остано́вим** **остано́вите** **остано́вят**
SUBJ.	**остана́вливал бы** **остана́вливала бы** **остана́вливало бы** **остана́вливали бы**		**останови́л бы** **останови́ла бы** **останови́ло бы** **останови́ли бы**	
IMP.	**остана́вливай** **остана́вливайте**		**останови́** **останови́те**	

PARTICIPLES

PRES. ACT.	**остана́вливающий**	———
PRES. PASS.	**остана́вливаемый**	———
PAST ACT.	**остана́вливавший**	**останови́вший**
PAST PASS.	———	**остано́вленный**
ADV. PART.	**остана́вливая**	**останови́в(-ши)**

ANSWER

	IMPERFECTIVE ASPECT		PERFECTIVE ASPECT	
INF.	**отвечáть**		**отвéтить**	
PRES.	**отвечáю**	**отвечáем**	———	
	отвечáешь	**отвечáете**		
	отвечáет	**отвечáют**		
PAST	**отвечáл**		**отвéтил**	
	отвечáла		**отвéтила**	
	отвечáло		**отвéтило**	
	отвечáли		**отвéтили**	
FUT.	**бýду отвечáть**	**бýдем отвечáть**	**отвéчу**	**отвéтим**
	бýдешь отвечáть	**бýдете отвечáть**	**отвéтишь**	**отвéтите**
	бýдет отвечáть	**бýдут отвечáть**	**отвéтит**	**отвéтят**
SUBJ.	**отвечáл бы**		**отвéтил бы**	
	отвечáла бы		**отвéтила бы**	
	отвечáло бы		**отвéтило бы**	
	отвечáли бы		**отвéтили бы**	
IMP.	**отвечáй**		**отвéть**	
	отвечáйте		**отвéтьте**	

PARTICIPLES

PRES. ACT.	**отвечáющий**	———
PRES. PASS.	———	———
PAST ACT.	**отвечáвший**	**отвéтивший**
PAST PASS.	———	———
ADV. PART.	**отвечáя**	**отвéтив(-ши)**

REST

	IMPERFECTIVE ASPECT		PERFECTIVE ASPECT	
INF.	отдыха́ть		отдохну́ть	
PRES.	отдыха́ю отдыха́ешь отдыха́ет	отдыха́ем отдыха́ете отдыха́ют	———	
PAST	отдыха́л отдыха́ла отдыха́ло отдыха́ли		отдохну́л отдохну́ла отдохну́ло отдохну́ли	
FUT.	бу́ду отдыха́ть бу́дешь отдыха́ть бу́дет отдыха́ть	бу́дем отдыха́ть бу́дете отдыха́ть бу́дут отдыха́ть	отдохну́ отдохнёшь отдохнёт	отдохнём отдохнёте отдохну́т
SUBJ.	отдыха́л бы отдыха́ла бы отдыха́ло бы отдыха́ли бы		отдохну́л бы отдохну́ла бы отдохну́ло бы отдохну́ли бы	
IMP.	отдыха́й отдыха́йте		отдохни́ отдохни́те	

PARTICIPLES

PRES. ACT.	отдыха́ющий	———
PRES. PASS.	———	———
PAST ACT.	отдыха́вший	отдохну́вший
PAST PASS.	———	———
ADV. PART.	отдыха́я	отдохну́в(-ши)

ОТЛИЧАТЬ/ОТЛИЧИТЬ
ОТЛИЧАТЬСЯ/ОТЛИЧИТЬСЯ

DISTINGUISH
BE DISTINGUISHED

	IMPERFECTIVE ASPECT		PERFECTIVE ASPECT	
INF.	**отлича́ть**		**отличи́ть**	
PRES.	**отлича́ю**	**отлича́ем**	———	
	отлича́ешь	**отлича́ете**		
	отлича́ет	**отлича́ют**		
PAST	**отлича́л**		**отличи́л**	
	отлича́ла		**отличи́ла**	
	отлича́ло		**отличи́ло**	
	отлича́ли		**отличи́ли**	
FUT.	**бу́ду отлича́ть**	**бу́дем отлича́ть**	**отличу́**	**отличи́м**
	бу́дешь отлича́ть	**бу́дете отлича́ть**	**отличи́шь**	**отличи́те**
	бу́дет отлича́ть	**бу́дут отлича́ть**	**отличи́т**	**отлича́т**
SUBJ.	**отлича́л бы**		**отличи́л бы**	
	отлича́ла бы		**отличи́ла бы**	
	отлича́ло бы		**отличи́ло бы**	
	отлича́ли бы		**отличи́ли бы**	
IMP.	**отлича́й**		**отличи́**	
	отлича́йте		**отличи́те**	

PARTICIPLES

PRES. ACT.	**отлича́ющий**	———
PRES. PASS.	**отлича́емый**	———
PAST ACT.	**отлича́вший**	**отличи́вший**
PAST PASS.	———	**отличённый (отличён, отличена́)**
ADV. PART.	**отлича́я**	**отличи́в(-ши)**

MAKE A MISTAKE

	IMPERFECTIVE ASPECT		PERFECTIVE ASPECT	
INF.	ошиба́ться		оши́биться	
PRES.	ошиба́юсь	ошиба́емся	———	
	ошиба́ешься	ошиба́етесь		
	ошиба́ется	ошиба́ются		
PAST	ошиба́лся		оши́бся	
	ошиба́лась		оши́блась	
	ошиба́лось		оши́блось	
	ошиба́лись		оши́блись	
FUT.	бу́ду ошиба́ться	бу́дем ошиба́ться	ошибу́сь	ошибёмся
	бу́дешь ошиба́ться	бу́дете ошиба́ться	ошибёшься	ошибётесь
	бу́дет ошиба́ться	бу́дут ошиба́ться	ошибётся	ошибу́тся
SUBJ.	ошиба́лся бы		оши́бся бы	
	ошиба́лась бы		оши́блась бы	
	ошиба́лось бы		оши́блось бы	
	ошиба́лись бы		оши́блись бы	
IMP.	ошиба́йся		оши́бись	
	ошиба́йтесь		оши́битесь	

PARTICIPLES

PRES. ACT.	ошиба́ющийся	———
PRES. PASS.	———	———
PAST ACT.	ошиба́вшийся	оши́бшийся
PAST PASS.	———	———
ADV. PART.	ошиба́ясь	оши́бясь

ПАДАТЬ / УПАСТЬ

FALL

	IMPERFECTIVE ASPECT		PERFECTIVE ASPECT	
INF.	па́дать		упа́сть	
PRES.	па́даю	па́даем		
	па́даешь	па́даете		
	па́дает	па́дают	———	
PAST	па́дал		упа́л	
	па́дала		упа́ла	
	па́дало		упа́ло	
	па́дали		упа́ли	
FUT.	бу́ду па́дать	бу́дем па́дать	упаду́	упадём
	бу́дешь па́дать	бу́дете па́дать	упадёшь	упадёте
	бу́дет па́дать	бу́дут па́дать	упадёт	упаду́т
SUBJ.	па́дал бы		упа́л бы	
	па́дала бы		упа́ла бы	
	па́дало бы		упа́ло бы	
	па́дали бы		упа́ли бы	
IMP.	па́дай		упади́	
	па́дайте		упади́те	

PARTICIPLES

PRES. ACT.	па́дающий	———
PRES. PASS.	———	———
PAST ACT.	па́давший	упа́вший
PAST PASS.	———	———
ADV. PART.	па́дая	упа́в(-ши)

SING

	IMPERFECTIVE ASPECT		PERFECTIVE ASPECT	
INF.	**петь**		**спеть**	
PRES.	**пою́**	**поём**		
	поёшь	**поёте**	———	
	поёт	**поют**		
PAST	**пел**		**спел**	
	пе́ла		**спе́ла**	
	пе́ло		**спе́ло**	
	пе́ли		**спе́ли**	
FUT.	**бу́ду петь**	**бу́дем петь**	**спою́**	**споём**
	бу́дешь петь	**бу́дете петь**	**споёшь**	**споёте**
	бу́дет петь	**бу́дут петь**	**споёт**	**спою́т**
SUBJ.	**пел бы**		**спел бы**	
	пе́ла бы		**спе́ла бы**	
	пе́ло бы		**спе́ло бы**	
	пе́ли бы		**спе́ли бы**	
IMP.	**пой**		**спой**	
	по́йте		**спо́йте**	

PARTICIPLES

PRES. ACT.	**пою́щий**	———
PRES. PASS.	———	———
PAST ACT.	**пе́вший**	**спе́вший**
PAST PASS.	———	**спе́тый**
ADV. PART.	———	**спе́в(-ши)**

ПЕЧЬ / ИСПЕЧЬ

BAKE

	IMPERFECTIVE ASPECT		PERFECTIVE ASPECT	
INF.	**печь**		**испе́чь**	
PRES.	**пеку́**	**печём**	———	
	печёшь	**печёте**		
	печёт	**пеку́т**		
PAST	**пёк**		**испёк**	
	пекла́		**испекла́**	
	пекло́		**испекло́**	
	пекли́		**испекли́**	
FUT.	**бу́ду печь**	**бу́дем печь**	**испеку́**	**псиечём**
	бу́дешь печь	**бу́дете печь**	**испечёшь**	**испечёте**
	бу́дет печь	**бу́дут печь**	**испечёт**	**испеку́т**
SUBJ.	**пёк бы**		**испёк бы**	
	пекла́ бы		**испекла́ бы**	
	пекло́ бы		**испекло́ бы**	
	пекли́ бы		**испекли́ бы**	
IMP.	**пеки́**		**испеки́**	
	пеки́те		**испеки́те**	

PARTICIPLES

PRES. ACT.	**пеку́щий**	———
PRES. PASS.	———	———
PAST ACT.	**пёкший**	**испёкший**
PAST PASS.	———	**испечённый (испечён, испечена́)**
ADV. PART.	———	**испёкши**

WRITE

	IMPERFECTIVE ASPECT		PERFECTIVE ASPECT	
INF.	**писа́ть**		**написа́ть**	
PRES.	**пишу́** **пи́шешь** **пи́шет**	**пи́шем** **пи́шете** **пи́шут**	———	
PAST	**писа́л** **писа́ла** **писа́ло** **писа́ли**		**написа́л** **написа́ла** **написа́ло** **написа́ли**	
FUT.	**бу́ду писа́ть** **бу́дешь писа́ть** **бу́дет писа́ть**	**бу́дем писа́ть** **бу́дете писа́ть** **бу́дут писа́ть**	**напишу́** **напи́шешь** **напи́шет**	**напи́шем** **напи́шете** **напи́шут**
SUBJ.	**писа́л бы** **писа́ла бы** **писа́ло бы** **писа́ли бы**		**написа́л бы** **написа́ла бы** **написа́ло бы** **написа́ли бы**	
IMP.	**пиши́** **пиши́те**		**напиши́** **напиши́те**	

PARTICIPLES

PRES. ACT.	**пи́шущий**	———
PRES. PASS.	———	———
PAST ACT.	**писа́вший**	**написа́вший**
PAST PASS.	———	**напи́санный**
ADV. PART.	———	**написа́в(-ши)**

ПИТЬ/ВЫПИТЬ

DRINK

	IMPERFECTIVE ASPECT		PERFECTIVE ASPECT	
INF.	**пить**		**вы́пить**	
PRES.	**пью**	**пьём**	———	
	пьёшь	**пьёте**		
	пьёт	**пьют**		
PAST	**пил**		**вы́пил**	
	пила́		**вы́пила**	
	пи́ло		**вы́пило**	
	пи́ли		**вы́пили**	
FUT.	**бу́ду пить**	**бу́дем пить**	**вы́пью**	**вы́пьем**
	бу́дешь пить	**бу́дете пить**	**вы́пьешь**	**вы́пьете**
	бу́дет пить	**бу́дут пить**	**вы́пьет**	**вы́пьют**
SUBJ.	**пил бы**		**вы́пил бы**	
	пила́ бы		**вы́пила бы**	
	пи́ло бы		**вы́пило бы**	
	пи́ли бы		**вы́пили бы**	
IMP.	**пей**		**вы́пей**	
	пе́йте		**вы́пейте**	

PARTICIPLES

PRES. ACT.	**пью́щий**	———
PRES. PASS.	———	———
PAST ACT.	**пи́вший**	**вы́пивший**
PAST PASS.	———	**вы́питый**
ADV. PART.	———	**вы́пив(-ши)**

SWIM

IMPERFECTIVE

	INDETERMINATE		DETERMINATE	
INF.	пла́вать		плыть	
PRES.	пла́ваю	пла́ваем	плыву́	плывём
	пла́ваешь	пла́ваете	плывёшь	плывёте
	пла́вает	пла́вают	плывёт	плыву́т
PAST	пла́вал		плыл	
	пла́вала		плыла́	
	пла́вало		плы́ло	
	пла́вали		плы́ли	
FUT.	бу́ду пла́вать	бу́дем пла́вать	бу́ду плыть	бу́дем плыть
	бу́дешь пла́вать	бу́дете пла́вать	бу́дешь плыть	бу́дете плыть
	бу́дет пла́вать	бу́дут пла́вать	бу́дет плыть	бу́дут плыть
SUBJ.	пла́вал бы		плыл бы	
	пла́вала бы		плыла́ бы	
	пла́вало бы		плы́ло бы	
	пла́вали бы		плы́ли бы	
IMP.	пла́вай		плыви́	
	пла́вайте		плыви́те	

PARTICIPLES

PRES. ACT.	пла́вающий	плыву́щий
PRES. PASS.	———	———
PAST ACT	пла́вавший	плы́вший
PAST PASS.	———	———
ADV. PART.	пла́вая	плывя́

ПЛАКАТЬ / ЗАПЛАКАТЬ

WEEP

	IMPERFECTIVE ASPECT		PERFECTIVE ASPECT	
INF.	**пла́кать**		**запла́кать**	
PRES.	**пла́чу**	**пла́чем**	———	
	пла́чешь	**пла́чете**		
	пла́чет	**пла́чут**		
PAST	**пла́кал**		**запла́кал**	
	пла́кала		**запла́кала**	
	пла́кало		**запла́кало**	
	пла́кали		**запла́кали**	
FUT.	**бу́ду пла́кать**	**бу́дем пла́кать**	**запла́чу**	**запла́чем**
	бу́дешь пла́кать	**бу́дете пла́кать**	**запла́чешь**	**запла́чете**
	бу́дет пла́кать	**бу́дут пла́кать**	**запла́чет**	**запла́чут**
SUBJ.	**пла́кал бы**		**запла́кал бы**	
	пла́кала бы		**запла́кала бы**	
	пла́кало бы		**запла́кало бы**	
	пла́кали бы		**запла́кали бы**	
IMP.	**плачь**		**запла́чь**	
	пла́чьте		**запла́чьте**	

PARTICIPLES

PRES. ACT.	**пла́чущий**	———
PRES. PASS.	———	———
PAST ACT.	**пла́кавший**	**запла́кавший**
PAST PASS.	———	———
ADV. PART.	**пла́ча**	**запла́кав(-ши)**

PAY

	IMPERFECTIVE ASPECT		PERFECTIVE ASPECT	
INF.	**плати́ть**		**заплати́ть**	
PRES.	**плачу́**	**пла́тим**		
	пла́тишь	**пла́тите**	———	
	пла́тит	**пла́тят**		
PAST	**плати́л**		**заплати́л**	
	плати́ла		**заплати́ла**	
	плати́ло		**заплати́ло**	
	плати́ли		**заплати́ли**	
FUT.	**бу́ду плати́ть**	**бу́дем плати́ть**	**заплачу́**	**запла́тим**
	бу́дешь плати́ть	**бу́дете плати́ть**	**запла́тишь**	**запла́тите**
	бу́дет плати́ть	**бу́дут плати́ть**	**запла́тит**	**запла́тят**
SUBJ.	**плати́л бы**		**заплати́л бы**	
	плати́ла бы		**заплати́ла бы**	
	плати́ло бы		**заплати́ло бы**	
	плати́ли бы		**заплати́ли бы**	
IMP.	**плати́**		**заплати́**	
	плати́те		**заплати́те**	

PARTICIPLES

PRES. ACT.	**пла́тящий**	———
PRES. PASS.	———	———
PAST ACT.	**плати́вший**	**заплати́вший**
PAST PASS.	———	**запла́ченный**
ADV. PART.	**платя́**	**заплати́в(-ши)**

ПОВТОРЯТЬ / ПОВТОРИТЬ

REPEAT

	IMPERFECTIVE ASPECT		PERFECTIVE ASPECT	
INF.	**повторя́ть**		**повтори́ть**	
PRES.	**повторя́ю** **повторя́ешь** **повторя́ет**	**повторя́ем** **повторя́ете** **повторя́ют**	———	
PAST	**повторя́л** **повторя́ла** **повторя́ло** **повторя́ли**		**повтори́л** **повтори́ла** **повтори́ло** **повтори́ли**	
FUT.	**бу́ду повторя́ть** **бу́дешь повторя́ть** **бу́дет повторя́ть**	**бу́дем повторя́ть** **бу́дете повторя́ть** **бу́дут повторя́ть**	**повторю́** **повтори́шь** **повтори́т**	**повтори́м** **повтори́те** **повторя́т**
SUBJ.	**повторя́л бы** **повторя́ла бы** **повторя́ло бы** **повторя́ли бы**		**повтори́л бы** **повтори́ла бы** **повтори́ло бы** **повтори́ли бы**	
IMP.	**повторя́й** **повторя́йте**		**повтори́** **повтори́те**	

PARTICIPLES

PRES. ACT.	**повторя́ющий**	———
PRES. PASS.	**повторя́емый**	———
PAST ACT.	**повторя́вший**	**повтори́вший**
PAST PASS.	———	**повторённый (повторён, повторена́)**
ADV. PART.	**повторя́я**	**повтори́в(-ши)**

BUY

	IMPERFECTIVE ASPECT		PERFECTIVE ASPECT	
INF.	покупа́ть		купи́ть	
PRES.	покупа́ю	покупа́ем	———	
	покупа́ешь	покупа́ете		
	покупа́ет	покупа́ют		
PAST	покупа́л		купи́л	
	покупа́ла		купи́ла	
	покупа́ло		купи́ло	
	покупа́ли		купи́ли	
FUT.	бу́ду покупа́ть	бу́дем покупа́ть	куплю́	ку́пим
	бу́дешь покупа́ть	бу́дете покупа́ть	ку́пишь	ку́пите
	бу́дет покупа́ть	бу́дут покупа́ть	ку́пит	ку́пят
SUBJ.	покупа́л бы		купи́л бы	
	покупа́ла бы		купи́ла бы	
	покупа́ло бы		купи́ло бы	
	покупа́ли бы		купи́ли бы	
IMP.	покупа́й		купи́	
	покупа́йте		купи́те	

PARTICIPLES

PRES. ACT.	покупа́ющий	———
PRES. PASS.	покупа́емый	———
PAST ACT.	покупа́вший	купи́вший
PAST PASS.	———	ку́пленный
ADV. PART.	покупа́я	купи́в(-ши)

ПОЛУЧАТЬ/ПОЛУЧИТЬ

RECEIVE

	IMPERFECTIVE ASPECT		PERFECTIVE ASPECT	
INF.	**получа́ть**		**получи́ть**	
PRES.	**получа́ю**	**получа́ем**	———	
	получа́ешь	**получа́ете**		
	получа́ет	**получа́ют**		
PAST	**получа́л**		**получи́л**	
	получа́ла		**получи́ла**	
	получа́ло		**получи́ло**	
	получа́ли		**получи́ли**	
FUT.	**бу́ду получа́ть**	**бу́дем получа́ть**	**получу́**	**полу́чим**
	бу́дешь получа́ть	**бу́дете получа́ть**	**полу́чишь**	**полу́чите**
	бу́дет получа́ть	**бу́дут получа́ть**	**полу́чит**	**полу́чат**
SUBJ.	**получа́л бы**		**получи́л бы**	
	получа́ла бы		**получи́ла бы**	
	получа́ло бы		**получи́ло бы**	
	получа́ли бы		**получи́ли бы**	
IMP.	**получа́й**		**получи́**	
	получа́йте		**получи́те**	

PARTICIPLES

PRES. ACT.	**получа́ющий**	———
PRES. PASS.	**получа́емый**	———
PAST ACT.	**получа́вший**	**получи́вший**
PAST PASS.	———	**полу́ченный**
ADV. PART.	**получа́я**	**получи́в(-ши)**

USE, ENJOY

	IMPERFECTIVE ASPECT		PERFECTIVE ASPECT	
INF.	**по́льзоваться**		**воспо́льзоваться**	
PRES.	**по́льзуюсь**	**по́льзуемся**	———	
	по́льзуешься	**по́льзуетесь**		
	по́льзуется	**по́льзуются**		
PAST	**по́льзовался**		**воспо́льзовался**	
	по́льзовалась		**воспо́льзовалась**	
	по́льзовалось		**воспо́льзовалось**	
	по́льзовались		**воспо́льзовались**	
FUT.	**бу́ду**	**бу́дем**	**воспо́льзуюсь**	**воспо́льзуемся**
	бу́дешь	**бу́дете**	**воспо́льзуешься**	**воспо́льзуетесь**
	бу́дет	**бу́дут**	**воспо́льзуется**	**воспо́льзуются**
	по́льзоваться	**по́льзоваться**		
SUBJ.	**по́льзовался бы**		**воспо́льзовался бы**	
	по́льзовалась бы		**воспо́льзовалась бы**	
	по́льзовалось бы		**воспо́льзовалось бы**	
	по́льзовались бы		**воспо́льзовались бы**	
IMP.	**по́льзуйся**		**воспо́льзуйся**	
	по́льзуйтесь		**воспо́льзуйтесь**	

PARTICIPLES

PRES. ACT.	**по́льзующийся**	———
PRES. PASS.	———	———
PAST ACT.	**по́льзовавшийся**	**воспо́льзовавшийся**
PAST PASS.	———	———
ADV. PART.	**по́льзуясь**	**воспо́льзовавшись**

ПОМНИТЬ

REMEMBER

	IMPERFECTIVE ASPECT	PERFECTIVE ASPECT
INF.	**по́мнить**	
PRES.	**по́мню** **по́мнишь** **по́мнит**	**по́мним** **по́мните** **по́мнят**
PAST	**по́мнил** **по́мнила** **по́мнило** **по́мнили**	
FUT.	**бу́ду по́мнить** **бу́дешь по́мнить** **бу́дет по́мнить**	**бу́дем по́мнить** **бу́дете по́мнить** **бу́дут по́мнить**
SUBJ.	**по́мнил бы** **по́мнила бы** **по́мнило бы** **по́мнили бы**	
IMP.	**по́мни** **по́мните**	

PARTICIPLES

PRES. ACT. **по́мнящий**

PRES. PASS. ———

PAST ACT. **по́мнивший**

PAST PASS. ———

ADV. PART. **по́мня**

HELP

	IMPERFECTIVE ASPECT		PERFECTIVE ASPECT	
INF.	**помога́ть**		**помо́чь**	
PRES.	**помога́ю** **помога́ешь** **помога́ет**	**помога́ем** **помога́ете** **помога́ют**	———	
PAST	**помога́л** **помога́ла** **помога́ло** **помога́ли**		**помо́г** **помогла́** **помогло́** **помогли́**	
FUT.	**бу́ду помога́ть** **бу́дешь помога́ть** **бу́дет помога́ть**	**бу́дем помога́ть** **бу́дете помога́ть** **бу́дут помога́ть**	**помогу́** **помо́жешь** **помо́жет**	**помо́жем** **помо́жете** **помо́гут**
SUBJ.	**помога́л бы** **помога́ла бы** **помога́ло бы** **помога́ли бы**		**помо́г бы** **помогла́ бы** **помогло́ бы** **помогли́ бы**	
IMP.	**помога́й** **помога́йте**		**помоги́** **помоги́те**	

PARTICIPLES

PRES. ACT.	**помога́ющий**	———
PRES. PASS.	———	———
PAST ACT.	**помога́вший**	**помо́гший**
PAST PASS.	———	———
ADV. PART.	**помога́я**	———

ПОПРАВЛЯТЬ / ПОПРАВИТЬ
ПОПРАВЛЯТЬСЯ / ПОПРАВИТЬСЯ

CORRECT
GET WELL

	IMPERFECTIVE ASPECT		PERFECTIVE ASPECT	
INF.	**поправля́ть**		**попра́вить**	
PRES.	**поправля́ю** **поправля́ешь** **поправля́ет**	**поправля́ем** **поправля́ете** **поправля́ют**	———	
PAST	**поправля́л** **поправля́ла** **поправля́ло** **поправля́ли**		**попра́вил** **попра́вила** **попра́вило** **попра́вили**	
FUT.	**бу́ду поправля́ть** **бу́дешь поправля́ть** **бу́дет поправля́ть**	**бу́дем поправля́ть** **бу́дете поправля́ть** **бу́дут поправля́ть**	**попра́влю** **попра́вишь** **попра́вит**	**попра́вим** **попра́вите** **попра́вят**
SUBJ.	**поправля́л бы** **поправля́ла бы** **поправля́ло бы** **поправля́ли бы**		**попра́вил бы** **попра́вила бы** **попра́вило бы** **попра́вили бы**	
IMP.	**поправля́й** **поправля́йте**		**попра́вь** **попра́вьте**	

PARTICIPLES

PRES. ACT.	**поправля́ющий**	———
PRES. PASS.	**поправля́емый**	———
PAST ACT.	**поправля́вший**	**попра́вивший**
PAST PASS.	———	**попра́вленный**
ADV. PART.	**поправля́я**	**попра́вив(-ши)**

VISIT

	IMPERFECTIVE ASPECT		PERFECTIVE ASPECT	
INF.	посеща́ть		посети́ть	
PRES.	посеща́ю посеща́ешь посеща́ет	посеща́ем посеща́ете посеща́ют	———	
PAST	посеща́л посеща́ла посеща́ло посеща́ли		посети́л посети́ла посети́ло посети́ли	
FUT.	бу́ду посеща́ть бу́дешь посеща́ть бу́дет посеща́ть	бу́дем посеща́ть бу́дете посеща́ть бу́дут посеща́ть	посещу́ посети́шь посети́т	посети́м посети́те посетя́т
SUBJ.	посеща́л бы посеща́ла бы посеща́ло бы посеща́ли бы		посети́л бы посети́ла бы посети́ло бы посети́ли бы	
IMP.	посеща́й посеща́йте		посети́ посети́те	

PARTICIPLES

PRES. ACT.	посеща́ющий	———
PRES. PASS.	посеща́емый	———
PAST ACT.	посеща́вший	посети́вший
PAST PASS.	———	посещённый (посещён, посещена́)
ADV. PART.	посеща́я	посети́в(-ши)

ПОСТУПАТЬ / ПОСТУПИТЬ

ENROLL

	IMPERFECTIVE ASPECT		PERFECTIVE ASPECT	
INF.	**поступа́ть**		**поступи́ть**	
PRES.	**поступа́ю** **поступа́ешь** **поступа́ет**	**поступа́ем** **поступа́ете** **поступа́ют**	———	
PAST	**поступа́л** **поступа́ла** **поступа́ло** **поступа́ли**		**поступи́л** **поступи́ла** **поступи́ло** **поступи́ли**	
FUT.	**бу́ду поступа́ть** **бу́дешь поступа́ть** **бу́дет поступа́ть**	**бу́дем поступа́ть** **бу́дете поступа́ть** **бу́дут поступа́ть**	**поступлю́** **посту́пишь** **посту́пит**	**посту́пим** **посту́пите** **посту́пят**
SUBJ.	**поступа́л бы** **поступа́ла бы** **поступа́ло бы** **поступа́ли бы**		**поступи́л бы** **поступи́ла бы** **поступи́ло бы** **поступи́ли бы**	
IMP.	**поступа́й** **поступа́йте**		**поступи́** **поступи́те**	

PARTICIPLES

PRES. ACT.	**поступа́ющий**	———
PRES. PASS.	———	———
PAST ACT.	**поступа́вший**	**поступи́вший**
PAST PASS.	———	———
ADV. PART.	**поступа́я**	**поступи́в(-ши)**

SEND

	IMPERFECTIVE ASPECT		PERFECTIVE ASPECT	
INF.	посылáть		послáть	
PRES.	посылáю посылáешь посылáет	посылáем посылáете посылáют	———	
PAST	посылáл посылáла посылáло посылáли		послáл послáла послáло послáли	
FUT.	бýду посылáть бýдешь посылáть бýдет посылáть	бýдем посылáть бýдете посылáть бýдут посылáть	пошлю́ пошлёшь пошлёт	пошлём пошлёте пошлю́т
SUBJ.	посылáл бы посылáла бы посылáло бы посылáли бы		послáл бы послáла бы послáло бы послáли бы	
IMP.	посылáй посылáйте		пошли́ пошли́те	

PARTICIPLES

PRES. ACT.	посылáющий	———
PRES. PASS.	посылáемый	———
PAST ACT.	посылáвший	послáвший
PAST PASS.	———	пóсланный
ADV. PART.	посылáя	послáв(-ши)

ПРЕДПОЧИТАТЬ / ПРЕДПОЧЕСТЬ

PREFER

	IMPERFECTIVE ASPECT		PERFECTIVE ASPECT	
INF.	**предпочита́ть**		**предпоче́сть**	
PRES.	**предпочита́ю**	**предпочита́ем**		
	предпочита́ешь	**предпочита́ете**	———	
	предпочита́ет	**предпочита́ют**		
PAST	**предпочита́л**		**предпочёл**	
	предпочита́ла		**предпочла́**	
	предпочита́ло		**предпочло́**	
	предпочита́ли		**предпочли́**	
FUT.	**бу́ду**	**бу́дем**	**предпочту́**	**предпочтём**
	бу́дешь	**бу́дете**	**предпочтёшь**	**предпочтёте**
	бу́дет	**бу́дут**	**предпочтёт**	**предпочту́т**
	предпочита́ть	**предпочита́ть**		
SUBJ.	**предпочита́л бы**		**предпочёл бы**	
	предпочита́ла бы		**предпочла́ бы**	
	предпочита́ло бы		**предпочло́ бы**	
	предпочита́ли бы		**предпочли́ бы**	
IMP.	**предпочита́й**		**предпочти́**	
	предпочита́йте		**предпочти́те**	

PARTICIPLES

PRES. ACT.	**предпочита́ющий**	———
PRES. PASS.	**предпочита́емый**	———
PAST ACT.	**предпочита́вший**	———
PAST PASS.	———	**предпочтённый (предпочтён, предпочтена́)**
ADV. PART.	**предпочита́я**	**предпочтя́**

ATTRACT

	IMPERFECTIVE ASPECT		PERFECTIVE ASPECT	
INF.	**привлека́ть**		**привле́чь**	
PRES.	**привлека́ю** **привлека́ешь** **привлека́ет**	**привлека́ем** **привлека́ете** **привлека́ют**	———	
PAST	**привлека́л** **привлека́ла** **привлека́ло** **привлека́ли**		**привлёк** **привлекла́** **привлекло́** **привлекли́**	
FUT.	**бу́ду привлека́ть** **бу́дешь привлека́ть** **бу́дет привлека́ть**	**бу́дем привлека́ть** **бу́дете привлека́ть** **бу́дут привлека́ть**	**привлеку́** **привлечёшь** **привлечёт**	**привлечём** **привлечёте** **привлеку́т**
SUBJ.	**привлека́л бы** **привлека́ла бы** **привлека́ло бы** **привлека́ли бы**		**привлёк бы** **привлекла́ бы** **привлекло́ бы** **привлекли́ бы**	
IMP.	**привлека́й** **привлека́йте**		**привлеки́** **привлеки́те**	

PARTICIPLES

PRES. ACT.	**привлека́ющий**	———
PRES. PASS.	**привлека́емый**	———
PAST ACT.	**привлека́вший**	**привлёкший**
PAST PASS.	———	**привлечённый (привлечён, привлечена́)**
ADV. PART.	**привлека́я**	**привлёкши**

ПРИВЫКАТЬ/ПРИВЫКНУТЬ

BECOME ACCUSTOMED

	IMPERFECTIVE ASPECT		PERFECTIVE ASPECT	
INF.	привыка́ть		привы́кнуть	
PRES.	привыка́ю привыка́ешь привыка́ет	привыка́ем привыка́ете привыка́ют	———	
PAST	привыка́л привыка́ла привыка́ло привыка́ли		привы́к привы́кла привы́кло привы́кли	
FUT.	бу́ду привыка́ть бу́дешь привыка́ть бу́дет привыка́ть	бу́дем привыка́ть бу́дете привыка́ть бу́дут привыка́ть	привы́кну привы́кнешь привы́кнет	привы́кнем привы́кнете привы́кнут
SUBJ.	привыка́л бы привыка́ла бы привыка́ло бы привыка́ли бы		привы́к бы привы́кла бы привы́кло бы привы́кли бы	
IMP.	привыка́й привыка́йте		привы́кни привы́кните	

PARTICIPLES

PRES. ACT.	привыка́ющий	———
PRES. PASS.	———	———
PAST ACT.	привыка́вший	привы́кший
PAST PASS.	———	———
ADV. PART.	привыка́я	привы́кнув

INVITE

	IMPERFECTIVE ASPECT		PERFECTIVE ASPECT	
INF.	**приглаша́ть**		**пригласи́ть**	
PRES.	**приглаша́ю** **приглаша́ешь** **приглаша́ет**	**приглаша́ем** **приглаша́ете** **приглаша́ют**	———	
PAST	**приглаша́л** **приглаша́ла** **приглаша́ло** **приглаша́ли**		**пригласи́л** **пригласи́ла** **пригласи́ло** **пригласи́ли**	
FUT.	**бу́ду приглаша́ть** **бу́дешь приглаша́ть** **бу́дет приглаша́ть**	**бу́дем приглаша́ть** **бу́дете приглаша́ть** **бу́дут приглаша́ть**	**приглашу́** **пригласи́шь** **пригласи́т**	**пригласи́м** **пригласи́те** **приглася́т**
SUBJ.	**приглаша́л бы** **приглаша́ла бы** **приглаша́ло бы** **приглаша́ли бы**		**пригласи́л бы** **пригласи́ла бы** **пригласи́ло бы** **пригласи́ли бы**	
IMP.	**приглаша́й** **приглаша́йте**		**пригласи́** **пригласи́те**	

PARTICIPLES

PRES. ACT.	**приглаша́ющий**	———
PRES. PASS.	**приглаша́емый**	———
PAST ACT.	**приглаша́вший**	**пригласи́вший**
PAST PASS.	———	**приглашённый (приглашён, приглашена́)**
ADV. PART.	**приглаша́я**	**пригласи́в(-ши)**

RECOGNIZE

	IMPERFECTIVE ASPECT		PERFECTIVE ASPECT	
INF.	**признава́ть**		**призна́ть**	
PRES.	**признаю́** **признаёшь** **признаёт**	**признаём** **признаёте** **признаю́т**	———	
PAST	**признава́л** **признава́ла** **признава́ло** **признава́ли**		**призна́л** **призна́ла** **призна́ло** **призна́ли**	
FUT.	**бу́ду признава́ть** **бу́дешь признава́ть** **бу́дет признава́ть**	**бу́дем признава́ть** **бу́дете признава́ть** **бу́дут признава́ть**	**призна́ю** **призна́ешь** **призна́ет**	**призна́ем** **призна́ете** **призна́ют**
SUBJ.	**признава́л бы** **признава́ла бы** **признава́ло бы** **признава́ли бы**		**призна́л бы** **призна́ла бы** **призна́ло бы** **призна́ли бы**	
IMP.	**признава́й** **признава́йте**		**призна́й** **призна́йте**	

PARTICIPLES

PRES. ACT.	**признаю́щий**	———
PRES. PASS.	**признава́емый**	———
PAST ACT.	**признава́вший**	**призна́вший**
PAST PASS.	———	**при́знанный**
ADV. PART.	**признава́я**	**призна́в(-ши)**

COME ON FOOT

	IMPERFECTIVE ASPECT		PERFECTIVE ASPECT	
INF.	**приходи́ть**		**прийти́**	
PRES.	**прихожу́** **прихо́дишь** **прихо́дит**	**прихо́дим** **прихо́дите** **прихо́дят**	———	
PAST	**приходи́л** **приходи́ла** **приходи́ло** **приходи́ли**		**пришёл** **пришла́** **пришло́** **пришли́**	
FUT.	**бу́ду приходи́ть** **бу́дешь приходи́ть** **бу́дет приходи́ть**	**бу́дем приходи́ть** **бу́дете приходи́ть** **бу́дут приходи́ть**	**приду́** **придёшь** **придёт**	**придём** **придёте** **приду́т**
SUBJ.	**приходи́л бы** **приходи́ла бы** **приходи́ло бы** **приходи́ли бы**		**пришёл бы** **пришла́ бы** **пришло́ бы** **пришли́ бы**	
IMP.	**приходи́** **приходи́те**		**приди́** **приди́те**	

PARTICIPLES

PRES. ACT.	**приходя́щий**	———
PRES. PASS.	———	———
PAST ACT.	**приходи́вший**	**прише́дший**
PAST PASS.	———	———
ADV. PART.	**приходя́**	**придя́**

ПРОВЕРЯТЬ / ПРОВЕРИТЬ

VERIFY

	IMPERFECTIVE ASPECT		PERFECTIVE ASPECT	
INF.	проверя́ть		прове́рить	
PRES.	проверя́ю проверя́ешь проверя́ет	проверя́ем проверя́ете проверя́ют	———	
PAST	проверя́л проверя́ла проверя́ло проверя́ли		прове́рил прове́рила прове́рило прове́рили	
FUT.	бу́ду проверя́ть бу́дешь проверя́ть бу́дет проверя́ть	бу́дем проверя́ть бу́дете проверя́ть бу́дут проверя́ть	прове́рю прове́ришь прове́рит	прове́рим прове́рите прове́рят
SUBJ.	проверя́л бы проверя́ла бы проверя́ло бы проверя́ли бы		прове́рил бы прове́рила бы прове́рило бы прове́рили бы	
IMP.	проверя́й проверя́йте		прове́рь прове́рьте	

PARTICIPLES

PRES. ACT.	проверя́ющий	———
PRES. PASS.	проверя́емый	———
PAST ACT.	проверя́вший	прове́ривший
PAST PASS.	———	прове́ренный
ADV. PART.	проверя́я	прове́рив(-ши)

CONTINUE

	IMPERFECTIVE ASPECT		PERFECTIVE ASPECT	
INF.	**продолжа́ть**		**продо́лжить**	
PRES.	**продолжа́ю** **продолжа́ешь** **продолжа́ет**	**продолжа́ем** **продолжа́ете** **продолжа́ют**	———	
PAST	**продолжа́л** **продолжа́ла** **продолжа́ло** **продолжа́ли**		**продо́лжил** **продо́лжила** **продо́лжило** **продо́лжили**	
FUT.	**бу́ду продолжа́ть** **бу́дешь продолжа́ть** **бу́дет продолжа́ть**	**бу́дем продолжа́ть** **бу́дете продолжа́ть** **бу́дут продолжа́ть**	**продо́лжу** **продо́лжишь** **продо́лжит**	**продо́лжим** **продо́лжите** **продо́лжат**
SUBJ.	**продолжа́л бы** **продолжа́ла бы** **продолжа́ло бы** **продолжа́ли бы**		**продо́лжил бы** **продо́лжила бы** **продо́лжило бы** **продо́лжили бы**	
IMP.	**продолжа́й** **продолжа́йте**		——— ———	

PARTICIPLES

PRES. ACT.	**продолжа́ющий**	———
PRES. PASS.	**продолжа́емый**	———
PAST ACT.	**продолжа́вший**	**продо́лживший**
PAST PASS.	———	**продо́лженный**
ADV. PART.	**продолжа́я**	**продо́лжив(-ши)**

ПРОСИТЬ / ПОПРОСИТЬ

REQUEST

	IMPERFECTIVE ASPECT		PERFECTIVE ASPECT	
INF.	**проси́ть**		**попроси́ть**	
PRES.	**прошу́**	**про́сим**		
	про́сишь	**про́сите**	———	
	про́сит	**про́сят**		
PAST	**проси́л**		**попроси́л**	
	проси́ла		**попроси́ла**	
	проси́ло		**попроси́ло**	
	проси́ли		**попроси́ли**	
FUT.	**бу́ду проси́ть**	**бу́дем проси́ть**	**попрошу́**	**попро́сим**
	бу́дешь проси́ть	**бу́дете проси́ть**	**попро́сишь**	**попро́сите**
	бу́дет проси́ть	**бу́дут проси́ть**	**попро́сит**	**попро́сят**
SUBJ.	**проси́л бы**		**попроси́л бы**	
	проси́ла бы		**попроси́ла бы**	
	проси́ло бы		**попроси́ло бы**	
	проси́ли бы		**попроси́ли бы**	
IMP.	**проси́**		**попроси́**	
	проси́те		**попроси́те**	

PARTICIPLES

PRES. ACT.	**прося́щий**	———
PRES. PASS.	———	———
PAST ACT.	**проси́вший**	**попроси́вший**
PAST PASS.	———	**попро́шенный**
ADV. PART.	**прося́**	**попроси́в(-ши)**

CATCH COLD

	IMPERFECTIVE ASPECT		PERFECTIVE ASPECT	
INF.	простужáться		простуди́ться	
PRES.	простужáюсь	простужáемся	———	
	простужáешься	простужáетесь		
	простужáется	простужáются		
PAST	простужáлся		простуди́лся	
	простужáлась		простуди́лась	
	простужáлось		простуди́лось	
	простужáлись		простуди́лись	
FUT.	бу́ду	бу́дем	простужу́сь	просту́димся
	бу́дешь	бу́дете	просту́дишься	просту́дитесь
	бу́дет	бу́дут	просту́дится	просту́дятся
	простужáться	простужáться		
SUBJ.	простужáлся бы		простуди́лся бы	
	простужáлась бы		простуди́лась бы	
	простужáлось бы		простуди́лось бы	
	простужáлись бы		простуди́лись бы	
IMP.	простужáйся		простуди́сь	
	простужáйтесь		простуди́тесь	

PARTICIPLES

PRES. ACT.	простужáющийся	———
PRES. PASS.	———	———
PAST ACT.	простужáвшийся	простуди́вшийся
PAST PASS.	———	———
ADV. PART.	простужáясь	простуди́вшись

WAKE UP

	IMPERFECTIVE ASPECT		PERFECTIVE ASPECT	
INF.	**просыпáться**		**проснýться**	
PRES.	**просыпáюсь**	**просыпáемся**		
	просыпáешься	**просыпáетесь**		
	просыпáется	**просыпáются**		
PAST	**просыпáлся**		**проснýлся**	
	просыпáлась		**проснýлась**	
	просыпáлось		**проснýлось**	
	просыпáлись		**проснýлись**	
FUT.	**бýду просыпáться**	**бýдем просыпáться**	**проснýсь**	**проснёмся**
	бýдешь просыпáться	**бýдете просыпáться**	**проснёшься**	**проснётесь**
	бýдет просыпáться	**бýдут просыпáться**	**проснётся**	**проснýтся**
SUBJ.	**просыпáлся бы**		**проснýлся бы**	
	просыпáлась бы		**проснýлась бы**	
	просыпáлось бы		**проснýлось бы**	
	просыпáлись бы		**проснýлись бы**	
IMP.	**просыпáйся**		**проснúсь**	
	просыпáйтесь		**проснúтесь**	

PARTICIPLES

PRES. ACT.	**просыпáющийся**	———
PRES. PASS.	———	———
PAST ACT.	**просыпáвшийся**	**проснýвшийся**
PAST PASS.	———	———
ADV. PART.	**просыпáясь**	**проснýвшись**

ПРОЩАТЬ / ПРОСТИТЬ
ПРОЩАТЬСЯ / ПРОСТИТЬСЯ

FORGIVE
SAY FAREWELL

	IMPERFECTIVE ASPECT		PERFECTIVE ASPECT	
INF.	прощáть		простúть	
PRES.	прощáю	прощáем	———	
	прощáешь	прощáете		
	прощáет	прощáют		
PAST	прощáл		простúл	
	прощáла		простúла	
	прощáло		простúло	
	прощáли		простúли	
FUT.	бýду прощáть	бýдем прощáть	прощý	простúм
	бýдешь прощáть	бýдете прощáть	простúшь	простúте
	бýдет прощáть	бýдут прощáть	простúт	простя́т
SUBJ.	прощáл бы		простúл бы	
	прощáла бы		простúла бы	
	прощáло бы		простúло бы	
	прощáли бы		простúли бы	
IMP.	прощáй		простú	
	прощáйте		простúте	

PARTICIPLES

PRES. ACT.	прощáющий	———
PRES. PASS.	прощáемый	———
PAST ACT.	прощáвший	простúвший
PAST PASS.	———	прощённый (прощён, прощенá)
ADV. PART.	прощáя	простúв(-ши)

ПРЫГАТЬ / ПРЫГНУТЬ

JUMP

	IMPERFECTIVE ASPECT		PERFECTIVE ASPECT	
INF.	**пры́гать**		**пры́гнуть**	
PRES.	**пры́гаю**	**пры́гаем**	———	
	пры́гаешь	**пры́гаете**		
	пры́гает	**пры́гают**		
PAST	**пры́гал**		**пры́гнул**	
	пры́гала		**пры́гнула**	
	пры́гало		**пры́гнуло**	
	пры́гали		**пры́гнули**	
FUT.	**бу́ду пры́гать**	**бу́дем пры́гать**	**пры́гну**	**пры́гнем**
	бу́дешь пры́гать	**бу́дете пры́гать**	**пры́гнешь**	**пры́гнете**
	бу́дет пры́гать	**бу́дут пры́гать**	**пры́гнет**	**пры́гнут**
SUBJ.	**пры́гал бы**		**пры́гнул бы**	
	пры́гала бы		**пры́гнула бы**	
	пры́гало бы		**пры́гнуло бы**	
	пры́гали бы		**пры́гнули бы**	
IMP.	**пры́гай**		**пры́гни**	
	пры́гайте		**пры́гните**	

PARTICIPLES

PRES. ACT.	**пры́гающий**	———
PRES. PASS.	———	———
PAST ACT.	**пры́гавший**	**пры́гнувший**
PAST PASS.	———	———
ADV. PART.	**пры́гая**	**пры́гнув(-ши)**

HIDE

	IMPERFECTIVE ASPECT		PERFECTIVE ASPECT	
INF.	**пря́тать**		**спря́тать**	
PRES.	**пря́чу** **пря́чешь** **пря́чет**	**пря́чем** **пря́чете** **пря́чут**	———	
PAST	**пря́тал** **пря́тала** **пря́тало** **пря́тали**		**спря́тал** **спря́тала** **спря́тало** **спря́тали**	
FUT.	**бу́ду пря́тать** **бу́дешь пря́тать** **бу́дет пря́тать**	**бу́дем пря́тать** **бу́дете пря́тать** **бу́дут пря́тать**	**спря́чу** **спря́чешь** **спря́чет**	**спря́чем** **спря́чете** **спря́чут**
SUBJ.	**пря́тал бы** **пря́тала бы** **пря́тало бы** **пря́тали бы**		**спря́тал бы** **спря́тала бы** **спря́тало бы** **спря́тали бы**	
IMP.	**прячь** **пря́чьте**		**спрячь** **спря́чьте**	

PARTICIPLES

PRES. ACT.	**пря́чущий**	———
PRES. PASS.	———	———
PAST ACT.	**пря́тавший**	**спря́тавший**
PAST PASS.	———	**спря́танный**
ADV. PART.	**пря́ча**	**спря́тав(-ши)**

ПУТЕШЕСТВОВАТЬ / ПОПУТЕШЕСТВОВАТЬ

TRAVEL

	IMPERFECTIVE ASPECT		PERFECTIVE ASPECT	
INF.	путеше́ствовать		попутеше́ствовать	
PRES.	путеше́ствую	путеше́ствуем	———	
	путеше́ствуешь	путеше́ствуете		
	путеше́ствует	путеше́ствуют		
PAST	путеше́ствовал		попутеше́ствовал	
	путеше́ствовала		попутеше́ствовала	
	путеше́ствовало		попутеше́ствовало	
	путеше́ствовали		попутеше́ствовали	
FUT.	бу́ду	бу́дем	попутеше́ствую	попутеше́ствуем
	бу́дешь	бу́дете	попутеше́ствуешь	попутеше́ствуете
	бу́дет	бу́дут	попутеше́ствует	попутеше́ствуют
	путеше́ствовать	путеше́ствовать		
SUBJ.	путеше́ствовал бы		попутеше́ствовал бы	
	путеше́ствовала бы		попутеше́ствовала бы	
	путеше́ствовало бы		попутеше́ствовало бы	
	путеше́ствовали бы		попутеше́ствовали бы	
IMP.	путеше́ствуй		попутеше́ствуй	
	путеше́ствуйте		попутеше́ствуйте	

PARTICIPLES

PRES. ACT.	путеше́ствующий	———
PRES. PASS.	———	———
PAST ACT.	путеше́ствовавший	попутеше́ствовавший
PAST PASS.	———	———
ADV. PART.	путеше́ствуя	попутеше́ствовав(-ши)

WORK

	IMPERFECTIVE ASPECT		PERFECTIVE ASPECT	
INF.	**рабóтать**		**порабóтать**	
PRES.	**рабóтаю** **рабóтаешь** **рабóтает**	**рабóтаем** **рабóтаете** **рабóтают**	———	
PAST	**рабóтал** **рабóтала** **рабóтало** **рабóтали**		**порабóтал** **порабóтала** **порабóтало** **порабóтали**	
FUT.	**бýду рабóтать** **бýдешь рабóтать** **бýдет рабóтать**	**бýдем рабóтать** **бýдете рабóтать** **бýдут рабóтать**	**порабóтаю** **порабóтаешь** **порабóтает**	**порабóтаем** **порабóтаете** **порабóтают**
SUBJ.	**рабóтал бы** **рабóтала бы** **рабóтало бы** **рабóтали бы**		**порабóтал бы** **порабóтала бы** **порабóтало бы** **порабóтали бы**	
IMP.	**рабóтай** **рабóтайте**		**порабóтай** **порабóтайте**	

PARTICIPLES

PRES. ACT.	**рабóтающий**	———
PRES. PASS.	———	———
PAST ACT.	**рабóтавший**	**порабóтавший**
PAST PASS.	———	———
ADV. PART.	**рабóтая**	**порабóтав(-ши)**

DESTROY

	IMPERFECTIVE ASPECT		PERFECTIVE ASPECT	
INF.	**разруша́ть**		**разру́шить**	
PRES.	**разруша́ю**	**разруша́ем**	———	
	разруша́ешь	**разруша́ете**		
	разруша́ет	**разруша́ют**		
PAST	**разруша́л**		**разру́шил**	
	разруша́ла		**разру́шила**	
	разруша́ло		**разру́шило**	
	разруша́ли		**разру́шили**	
FUT.	**бу́ду разруша́ть**	**бу́дем разруша́ть**	**разру́шу**	**разру́шим**
	бу́дешь разруша́ть	**бу́дете разруша́ть**	**разру́шишь**	**разру́шите**
	бу́дет разруша́ть	**бу́дут разруша́ть**	**разру́шит**	**разру́шат**
SUBJ.	**разруша́л бы**		**разру́шил бы**	
	разруша́ла бы		**разру́шила бы**	
	разруша́ло бы		**разру́шило бы**	
	разруша́ли бы		**разру́шили бы**	
IMP.	**разруша́й**		**разру́шь**	
	разруша́йте		**разру́шьте**	

PARTICIPLES

PRES. ACT.	**разруша́ющий**	———
PRES. PASS.	**разруша́емый**	———
PAST ACT.	**разруша́вший**	**разру́шивший**
PAST PASS.	———	**разру́шенный**
ADV. PART.	**разруша́я**	**разру́шив(-ши)**

NARRATE

	IMPERFECTIVE ASPECT		PERFECTIVE ASPECT	
INF.	**расска́зывать**		**рассказа́ть**	
PRES.	**расска́зываю**	**расска́зываем**		
	расска́зываешь	**расска́зываете**	——	
	расска́зывает	**расска́зывают**		
PAST	**расска́зывал**		**рассказа́л**	
	расска́зывала		**рассказа́ла**	
	расска́зывало		**рассказа́ло**	
	расска́зывали		**рассказа́ли**	
FUT.	**бу́ду расска́зывать**	**бу́дем расска́зывать**	**расскажу́**	**расска́жем**
	бу́дешь расска́зывать	**бу́дете расска́зывать**	**расска́жешь**	**расска́жете**
	бу́дет расска́зывать	**бу́дут расска́зывать**	**расска́жет**	**расска́жут**
SUBJ.	**расска́зывал бы**		**рассказа́л бы**	
	расска́зывала бы		**рассказа́ла бы**	
	расска́зывало бы		**рассказа́ло бы**	
	расска́зывали бы		**рассказа́ли бы**	
IMP.	**расска́зывай**		**расскажи́**	
	расска́зывайте		**расскажи́те**	

PARTICIPLES

PRES. ACT.	**расска́зывающий**	———
PRES. PASS.	**расска́зываемый**	———
PAST ACT.	**расска́зывавший**	**рассказа́вший**
PAST PASS.	———	**расска́занный**
ADV. PART.	**расска́зывая**	**рассказа́в(-ши)**

РАСТИ / ВЫРАСТИ

GROW / GROW UP

	IMPERFECTIVE ASPECT		PERFECTIVE ASPECT	
INF.	расти́		вы́расти	
PRES.	расту́ растёшь растёт	растём растёте расту́т	———	
PAST	рос росла́ росло́ росли́		вы́рос вы́росла вы́росло вы́росли	
FUT.	бу́ду расти́ бу́дешь расти́ бу́дет расти́	бу́дем расти́ бу́дете расти́ бу́дут расти́	вы́расту вы́растешь вы́растет	вы́растем вы́растете вы́растут
SUBJ.	ро́с бы росла́ бы росло́ бы росли́ бы		вы́рос бы вы́росла бы вы́росло бы вы́росли бы	
IMP.	расти́ расти́те		вы́расти вы́растите	

PARTICIPLES

PRES. ACT.	расту́щий	———
PRES. PASS.	———	———
PAST ACT.	ро́сший	вы́росший
PAST PASS	———	———
ADV. PART.	———	вы́росши

TEAR

	IMPERFECTIVE ASPECT	PERFECTIVE ASPECT
INF.	**рвать**	
PRES.	**рву**	**рвём**
	рвёшь	**рвёте**
	рвёт	**рвут**
PAST	**рвал**	
	рвала́	
	рва́ло	
	рва́ли	
FUT.	**бу́ду рвать**	**бу́дем рвать**
	бу́дешь рвать	**бу́дете рвать**
	бу́дет рвать	**бу́дут рвать**
SUBJ.	**рвал бы**	
	рвала́ бы	
	рва́ло бы	
	рва́ли бы	
IMP.	**рви**	
	рви́те	

PARTICIPLES

PRES. ACT. **рву́щий**

PRES. PASS. ———

PAST ACT. **рва́вший**

PAST PASS. ———

ADV. PART. ———

CUT

	IMPERFECTIVE ASPECT		PERFECTIVE ASPECT	
INF.	ре́зать		разре́зать	
PRES.	ре́жу ре́жешь ре́жет	ре́жем ре́жете ре́жут	———	
PAST	ре́зал ре́зала ре́зало ре́зали		разре́зал разре́зала разре́зало разре́зали	
FUT.	бу́ду ре́зать бу́дешь ре́зать бу́дет ре́зать	бу́дем ре́зать бу́дете ре́зать бу́дут ре́зать	разре́жу разре́жешь разре́жет	разре́жем разре́жете разре́жут
SUBJ.	ре́зал бы ре́зала бы ре́зало бы ре́зали бы		разре́зал бы разре́зала бы разре́зало бы разре́зали бы	
IMP.	режь ре́жьте		разре́жь разре́жьте	

PARTICIPLES

PRES. ACT.	ре́жущий	———
PRES. PASS.	———	———
PAST ACT.	ре́завший	разре́завший
PAST PASS.	———	разре́занный
ADV. PART.	———	разре́зав(-ши)

SOLVE

	IMPERFECTIVE ASPECT		PERFECTIVE ASPECT	
INF.	**решáть**		**решúть**	
PRES.	**решáю** **решáешь** **решáет**	**решáем** **решáете** **решáют**	———	
PAST	**решáл** **решáла** **решáло** **решáли**		**решúл** **решúла** **решúло** **решúли**	
FUT.	**бýду решáть** **бýдешь решáть** **бýдет решáть**	**бýдем решáть** **бýдете решáть** **бýдут решáть**	**решý** **решúшь** **решúт**	**решúм** **решúте** **решáт**
SUBJ.	**решáл бы** **решáла бы** **решáло бы** **решáли бы**		**решúл бы** **решúла бы** **решúло бы** **решúли бы**	
IMP.	**решáй** **решáйте**		**решú** **решúте**	

PARTICIPLES

PRES. ACT.	**решáющий**	———
PRES. PASS.	**решáемый**	———
PAST ACT.	**решáвший**	**решúвший**
PAST PASS.	———	**решённый (решён, решенá)**
ADV. PART.	**решáя**	**решúв(-ши)**

РИСОВАТЬ/НАРИСОВАТЬ

DRAW

	IMPERFECTIVE ASPECT		PERFECTIVE ASPECT	
INF.	рисова́ть		нарисова́ть	
PRES.	рису́ю рису́ешь рису́ет	рису́ем рису́ете рису́ют	———	
PAST	рисова́л рисова́ла рисова́ло рисова́ли		нарисова́л нарисова́ла нарисова́ло нарисова́ли	
FUT.	бу́ду рисова́ть бу́дешь рисова́ть бу́дет рисова́ть	бу́дем рисова́ть бу́дете рисова́ть бу́дут рисова́ть	нарису́ю нарису́ешь нарису́ет	нарису́ем нарису́ете нарису́ют
SUBJ.	рисова́л бы рисова́ла бы рисова́ло бы рисова́ли бы		нарисова́л бы нарисова́ла бы нарисова́ло бы нарисова́ли бы	
IMP.	рису́й рису́йте		нарису́й нарису́йте	

PARTICIPLES

PRES. ACT.	рису́ющий	———
PRES. PASS.	рису́емый	———
PAST ACT.	рисова́вший	нарисова́вший
PAST PASS.	———	нарисо́ванный
ADV. PART.	рису́я	нарисова́в(-ши)

BE BORN

	IMPERFECTIVE ASPECT		PERFECTIVE ASPECT	
INF.	рожда́ться		роди́ться	
PRES.	рожда́юсь рожда́ешься рожда́ется	рожда́емся рожда́етесь рожда́ются	———	
PAST	рожда́лся рожда́лась рожда́лось рожда́лись		роди́лся (родился́) родила́сь (роди́лась) родило́сь (роди́лось) родили́сь (роди́лись)	
FUT.	бу́ду рожда́ться бу́дешь рожда́ться бу́дет рожда́ться	бу́дем рожда́ться бу́дете рожда́ться бу́дут рожда́ться	рожу́сь роди́шься роди́тся	роди́мся роди́тесь родя́тся
SUBJ.	рожда́лся бы рожда́лась бы рожда́лось бы рожда́лись бы		роди́лся (родился́) бы родила́сь (роди́лась) бы родило́сь (роди́лось) бы родили́сь (роди́лись) бы	
IMP.	рожда́йся рожда́йтесь		роди́сь роди́тесь	

PARTICIPLES

PRES. ACT.	рожда́ющийся	———
PRES. PASS.	———	———
PAST ACT.	рожда́вшийся	роди́вшийся
PAST PASS.	———	———
ADV. PART.	рожда́ясь	роди́вшись

САДИТЬСЯ / СЕСТЬ

SIT DOWN

	IMPERFECTIVE ASPECT		PERFECTIVE ASPECT	
INF.	**сади́ться**		**сесть**	
PRES.	**сажу́сь**	**сади́мся**		
	сади́шься	**сади́тесь**	———	
	сади́тся	**садя́тся**		
PAST	**сади́лся**		**сел**	
	сади́лась		**се́ла**	
	сади́лось		**се́ло**	
	сади́лись		**се́ли**	
FUT.	**бу́ду сади́ться**	**бу́дем сади́ться**	**ся́ду**	**ся́дем**
	бу́дешь сади́ться	**бу́дете сади́ться**	**ся́дешь**	**ся́дете**
	бу́дет сади́ться	**бу́дут сади́ться**	**ся́дет**	**ся́дут**
SUBJ.	**сади́лся бы**		**сел бы**	
	сади́лась бы		**се́ла бы**	
	сади́лось бы		**се́ло бы**	
	сади́лись бы		**се́ли бы**	
IMP.	**сади́сь**		**сядь**	
	сади́тесь		**ся́дьте**	

PARTICIPLES

PRES. ACT.	**садя́щийся**	———
PRES. PASS.	———	———
PAST ACT.	**сади́вшийся**	**се́вший**
PAST PASS.	———	———
ADV. PART.	**садя́сь**	**се́в (-ши)**

GET ANGRY

	IMPERFECTIVE ASPECT		PERFECTIVE ASPECT	
INF.	**серди́ться**		**рассерди́ться**	
PRES.	**сержу́сь**	**се́рдимся**	———	
	се́рдишься	**се́рдитесь**		
	се́рдится	**се́рдятся**		
PAST	**серди́лся**		**рассерди́лся**	
	серди́лась		**рассерди́лась**	
	серди́лось		**рассерди́лось**	
	серди́лись		**рассерди́лись**	
FUT.	**бу́ду серди́ться**	**бу́дем серди́ться**	**рассержу́сь**	**рассе́рдимся**
	бу́дешь серди́ться	**бу́дете серди́ться**	**рассе́рдишься**	**рассе́рдитесь**
	бу́дет серди́ться	**бу́дут серди́ться**	**рассе́рдится**	**рассе́рдятся**
SUBJ.	**серди́лся бы**		**рассерди́лся бы**	
	серди́лась бы		**рассерди́лась бы**	
	серди́лось бы		**рассерди́лось бы**	
	серди́лись бы		**рассерди́лись бы**	
IMP.	**серди́сь**		**рассерди́сь**	
	серди́тесь		**рассерди́тесь**	

PARTICIPLES

PRES. ACT.	**серди́щийся**	———
PRES. PASS.	———	———
PAST ACT.	**серди́вшийся**	**рассерди́вшийся**
PAST PASS.	———	———
ADV. PART.	**серди́сь**	**рассерди́вшись**

BE SITTING

	IMPERFECTIVE ASPECT		PERFECTIVE ASPECT	
INF.	**сиде́ть**		**посиде́ть**	
PRES.	**сижу́**	**сиди́м**	———	
	сиди́шь	**сиди́те**		
	сиди́т	**сидя́т**		
PAST	**сиде́л**		**посиде́л**	
	сиде́ла		**посиде́ла**	
	сиде́ло		**посиде́ло**	
	сиде́ли		**посиде́ли**	
FUT.	**бу́ду сиде́ть**	**бу́дем сиде́ть**	**посижу́**	**посиди́м**
	бу́дешь сиде́ть	**бу́дете сиде́ть**	**посиди́шь**	**посиди́те**
	бу́дет сиде́ть	**бу́дут сиде́ть**	**посиди́т**	**посидя́т**
SUBJ.	**сиде́л бы**		**посиде́л бы**	
	сиде́ла бы		**посиде́ла бы**	
	сиде́ло бы		**посиде́ло бы**	
	сиде́ли бы		**посиде́ли бы**	
IMP.	**сиди́**		**посиди́**	
	сиди́те		**посиди́те**	

PARTICIPLES

PRES. ACT.	**сидя́щий**	———
PRES. PASS.	———	———
PAST ACT.	**сиде́вший**	**посиде́вший**
PAST PASS.	———	———
ADV. PART.	**си́дя**	**посиде́в(-ши)**

FOLLOW

	IMPERFECTIVE ASPECT		PERFECTIVE ASPECT	
INF.	**сле́довать**		**после́довать**	
PRES.	**сле́дую**	**сле́дуем**	———	
	сле́дуешь	**сле́дуете**		
	сле́дует	**сле́дуют**		
PAST	**сле́довал**		**после́довал**	
	сле́довала		**после́довала**	
	сле́довало		**после́довало**	
	сле́довали		**после́довали**	
FUT.	**бу́ду сле́довать**	**бу́дем сле́довать**	**после́дую**	**после́дуем**
	бу́дешь сле́довать	**бу́дете сле́довать**	**после́дуешь**	**после́дуете**
	бу́дет сле́довать	**бу́дут сле́довать**	**после́дует**	**после́дуют**
SUBJ.	**сле́довал бы**		**после́довал бы**	
	сле́довала бы		**после́довала бы**	
	сле́довало бы		**после́довало бы**	
	сле́довали бы		**после́довали бы**	
IMP.	**сле́дуй**		**после́дуй**	
	сле́дуйте		**после́дуйте**	

PARTICIPLES

PRES. ACT.	**сле́дующий**	———
PRES. PASS.	———	———
PAST ACT.	**сле́довавший**	**после́довавший**
PAST PASS.	———	———
ADV. PART.	**сле́дуя**	**после́довав(-ши)**

СЛУШАТЬ / ПОСЛУШАТЬ

LISTEN

	IMPERFECTIVE ASPECT		PERFECTIVE ASPECT	
INF.	слу́шать		послу́шать	
PRES.	слу́шаю слу́шаешь слу́шает	слу́шаем слу́шаете слу́шают	———	
PAST	слу́шал слу́шала слу́шало слу́шали		послу́шал послу́шала послу́шало послу́шали	
FUT.	бу́ду слу́шать бу́дешь слу́шать бу́дет слу́шать	бу́дем слу́шать бу́дете слу́шать бу́дут слу́шать	послу́шаю послу́шаешь послу́шает	послу́шаем послу́шаете послу́шают
SUBJ.	слу́шал бы слу́шала бы слу́шало бы слу́шали бы		послу́шал бы послу́шала бы послу́шало бы послу́шали бы	
IMP.	слу́шай слу́шайте		послу́шай послу́шайте	

PARTICIPLES

PRES. ACT.	слу́шающий	———
PRES. PASS.	———	———
PAST ACT.	слу́шавший	послу́шавший
PAST PASS.	———	———
ADV. PART.	слу́шая	послу́шав(-ши)

HEAR/CATCH SOUND OF

	IMPERFECTIVE ASPECT		PERFECTIVE ASPECT	
INF.	слы́шать		услы́шать	
PRES.	слы́шу слы́шишь слы́шит	слы́шим слы́шите слы́шат	———	
PAST	слы́шал слы́шала слы́шало слы́шали		услы́шал услы́шала услы́шало услы́шали	
FUT.	бу́ду слы́шать бу́дешь слы́шать бу́дет слы́шать	бу́дем слы́шать бу́дете слы́шать бу́дут слы́шать	услы́шу услы́шишь услы́шит	услы́шим услы́шите услы́шат
SUBJ.	слы́шал бы слы́шала бы слы́шало бы слы́шали бы		услы́шал бы услы́шала бы услы́шало бы услы́шали бы	
IMP.	——— ———		——— ———	

PARTICIPLES

PRES. ACT.	слы́шащий	———
PRES. PASS.	———	———
PAST ACT.	слы́шавший	услы́шавший
PAST PASS.	слы́шанный	услы́шанный
ADV. PART.	слы́ша	услы́шав(-ши)

СМЕЯТЬСЯ/ЗАСМЕЯТЬСЯ

LAUGH/BEGIN TO LAUGH

	IMPERFECTIVE ASPECT		PERFECTIVE ASPECT	
INF.	**смея́ться**		**засмея́ться**	
PRES.	**смею́сь**	**смеёмся**	———	
	смеёшься	**смеётесь**		
	смеётся	**смею́тся**		
PAST	**смея́лся**		**засмея́лся**	
	смея́лась		**засмея́лась**	
	смея́лось		**засмея́лось**	
	смея́лись		**засмея́лись**	
FUT.	**бу́ду смея́ться**	**бу́дем смея́ться**	**засмею́сь**	**засмеёмся**
	бу́дешь смея́ться	**бу́дете смея́ться**	**засмеёшься**	**засмеётесь**
	бу́дет смея́ться	**бу́дут смея́ться**	**засмеётся**	**засмею́тся**
SUBJ.	**смея́лся бы**		**засмея́лся бы**	
	смея́лась бы		**засмея́лась бы**	
	смея́лось бы		**засмея́лось бы**	
	смея́лись бы		**засмея́лись бы**	
IMP.	**сме́йся**		**засме́йся**	
	сме́йтесь		**засме́йтесь**	

PARTICIPLES

PRES. ACT.	**смею́щийся**	———
PRES. PASS.	———	———
PAST ACT.	**смея́вшийся**	**засмея́вшийся**
PAST PASS.	———	———
ADV. PART.	**смея́сь**	**засмея́вшись**

LOOK AT

	IMPERFECTIVE ASPECT		PERFECTIVE ASPECT	
INF.	**смотре́ть**		**посмотре́ть**	
PRES.	**смотрю́** **смо́тришь** **смо́трит**	**смо́трим** **смо́трите** **смо́трят**	———	
PAST	**смотре́л** **смотре́ла** **смотре́ло** **смотре́ли**		**посмотре́л** **посмотре́ла** **посмотре́ло** **посмотре́ли**	
FUT.	**бу́ду смотре́ть** **бу́дешь смотре́ть** **бу́дет смотре́ть**	**бу́дем смотре́ть** **бу́дете смотре́ть** **бу́дут смотре́ть**	**посмотрю́** **посмо́тришь** **посмо́трит**	**посмо́трим** **посмо́трите** **посмо́трят**
SUBJ.	**смотре́л бы** **смотре́ла бы** **смотре́ло бы** **смотре́ли бы**		**посмотре́л бы** **посмотре́ла бы** **посмотре́ло бы** **посмотре́ли бы**	
IMP.	**смотри́** **смотри́те**		**посмотри́** **посмотри́те**	

PARTICIPLES

PRES. ACT.	**смотря́щий**	———
PRES. PASS.	———	———
PAST ACT.	**смотре́вший**	**посмотре́вший**
PAST PASS.	———	———
ADV. PART.	**смотря́**	**посмотре́в(-ши)**

ADVISE

	IMPERFECTIVE ASPECT		PERFECTIVE ASPECT	
INF.	**сове́товать**		**посове́товать**	
PRES.	**сове́тую** **сове́туешь** **сове́тует**	**сове́туем** **сове́туете** **сове́туют**	———	
PAST	**сове́товал** **сове́товала** **сове́товало** **сове́товали**		**посове́товал** **посове́товала** **посове́товало** **посове́товали**	
FUT.	**бу́ду сове́товать** **бу́дешь сове́товать** **бу́дет сове́товать**	**бу́дем сове́товать** **бу́дете сове́товать** **бу́дут сове́товать**	**посове́тую** **посове́туешь** **посове́тует**	**посове́туем** **посове́туете** **посове́туют**
SUBJ.	**сове́товал бы** **сове́товала бы** **сове́товало бы** **сове́товали бы**		**посове́товал бы** **посове́товала бы** **посове́товало бы** **посове́товали бы**	
IMP.	**сове́туй** **сове́туйте**		**посове́туй** **посове́туйте**	

PARTICIPLES

PRES. ACT.	**сове́тующий**	———
PRES. PASS.	———	———
PAST ACT.	**сове́товавший**	**посове́товавший**
PAST PASS.	———	**посове́тованный**
ADV. PART.	**сове́туя**	**посове́товав(-ши)**

KEEP

	IMPERFECTIVE ASPECT		PERFECTIVE ASPECT	
INF.	сохраня́ть		сохрани́ть	
PRES.	сохраня́ю сохраня́ешь сохраня́ет	сохраня́ем сохраня́ете сохраня́ют	———	
PAST	сохраня́л сохраня́ла сохраня́ло сохраня́ли		сохрани́л сохрани́ла сохрани́ло сохрани́ли	
FUT.	бу́ду сохраня́ть бу́дешь сохраня́ть бу́дет сохраня́ть	бу́дем сохраня́ть бу́дете сохраня́ть бу́дут сохраня́ть	сохраню́ сохрани́шь сохрани́т	сохрани́м сохрани́те сохраня́т
SUBJ.	сохраня́л бы сохраня́ла бы сохраня́ло бы сохраня́ли бы		сохрани́л бы сохрани́ла бы сохрани́ло бы сохрани́ли бы	
IMP.	сохраня́й сохраня́йте		сохрани́ сохрани́те	

PARTICIPLES

PRES. ACT.	сохраня́ющий	———
PRES. PASS.	сохраня́емый	———
PAST ACT.	сохраня́вший	сохрани́вший
PAST PASS.	———	сохранённый (сохранён, сохранена́)
ADV. PART.	сохраня́я	сохрани́в(-ши)

СПАСАТЬ / СПАСТИ

SAVE

	IMPERFECTIVE ASPECT		PERFECTIVE ASPECT	
INF.	спаса́ть		спасти́	
PRES.	спаса́ю	спаса́ем	———	
	спаса́ешь	спаса́ете		
	спаса́ет	спаса́ют		
PAST	спаса́л		спас	
	спаса́ла		спасла́	
	спаса́ло		спасло́	
	спаса́ли		спасли́	
FUT.	бу́ду спаса́ть	бу́дем спаса́ть	спасу́	спасём
	бу́дешь спаса́ть	бу́дете спаса́ть	спасёшь	спасёте
	бу́дет спаса́ть	бу́дут спаса́ть	спасёт	спасу́т
SUBJ.	спаса́л бы		спас бы	
	спаса́ла бы		спасла́ бы	
	спаса́ло бы		спасло́ бы	
	спаса́ли бы		спасли́ бы	
IMP.	спаса́й		спаси́	
	спаса́йте		спаси́те	

PARTICIPLES

PRES. ACT.	спаса́ющий	———
PRES. PASS.	спаса́емый	———
PAST ACT.	спаса́вший	спа́сший
PAST PASS.	———	спасённый (спасён, спасена́)
ADV. PART.	спаса́я	спа́сши

SLEEP

	IMPERFECTIVE ASPECT		PERFECTIVE ASPECT	
INF.	**спать**		**поспа́ть**	
PRES.	**сплю**	**спим**	———	
	спишь	**спите**		
	спит	**спят**		
PAST	**спал**		**поспа́л**	
	спала́		**поспала́**	
	спа́ло		**поспа́ло**	
	спа́ли		**поспа́ли**	
FUT.	**бу́ду спать**	**бу́дем спать**	**посплю́**	**поспи́м**
	бу́дешь спать	**бу́дете спать**	**поспи́шь**	**поспи́те**
	бу́дет спать	**бу́дут спать**	**поспи́т**	**поспя́т**
SUBJ.	**спал бы**		**поспал бы**	
	спала́ бы		**поспала́ бы**	
	спа́ло бы		**поспа́ло бы**	
	спа́ли бы		**поспа́ли бы**	
IMP.	**спи**		**поспи́**	
	спи́те		**поспи́те**	

PARTICIPLES

PRES. ACT.	**спя́щий**	———
PRES. PASS.	———	———
PAST ACT.	**спа́вший**	**поспа́вший**
PAST PASS.	———	———
ADV. PART.	———	**поспа́в(-ши)**

СПЕШИТЬ / ПОСПЕШИТЬ

HURRY

	IMPERFECTIVE ASPECT		PERFECTIVE ASPECT	
INF.	спеши́ть		поспеши́ть	
PRES.	спешу́	спеши́м	———	
	спеши́шь	спеши́те		
	спеши́т	спеша́т		
PAST	спеши́л		поспеши́л	
	спеши́ла		поспеши́ла	
	спеши́ло		поспеши́ло	
	спеши́ли		поспеши́ли	
FUT.	бу́ду спеши́ть	бу́дем спеши́ть	поспешу́	поспеши́м
	бу́дешь спеши́ть	бу́дете спеши́ть	поспеши́шь	поспеши́те
	бу́дет спеши́ть	бу́дут спеши́ть	поспеши́т	поспеша́т
SUBJ.	спеши́л бы		поспеши́л бы	
	спеши́ла бы		поспеши́ла бы	
	спеши́ло бы		поспеши́ло бы	
	спеши́ли бы		поспеши́ли бы	
IMP.	спеши́		поспеши́	
	спеши́те		поспеши́те	

PARTICIPLES

PRES. ACT.	спеша́щий	———
PRES. PASS.	———	———
PAST ACT.	спеши́вший	поспеши́вший
PAST PASS.	———	———
ADV. PART.	спеша́	поспеши́в(-ши)

ARGUE

	IMPERFECTIVE ASPECT		PERFECTIVE ASPECT	
INF.	**спо́рить**		**поспо́рить**	
PRES.	**спо́рю**	**спо́рим**	———	
	спо́ришь	**спо́рите**		
	спо́рит	**спо́рят**		
PAST	**спо́рил**		**поспо́рил**	
	спо́рила		**поспо́рила**	
	спо́рило		**поспо́рило**	
	спо́рили		**поспо́рили**	
FUT.	**бу́ду спо́рить**	**бу́дем спо́рить**	**поспо́рю**	**поспо́рим**
	бу́дешь спо́рить	**бу́дете спо́рить**	**поспо́ришь**	**поспо́рите**
	бу́дет спо́рить	**бу́дут спо́рить**	**поспо́рит**	**поспо́рят**
SUBJ.	**спо́рил бы**		**поспо́рил бы**	
	спо́рила бы		**поспо́рила бы**	
	спо́рило бы		**поспо́рило бы**	
	спо́рили бы		**поспо́рили бы**	
IMP.	**спорь**		**поспо́рь**	
	спо́рьте		**поспо́рьте**	

PARTICIPLES

PRES. ACT.	**спо́рящий**	———
PRES. PASS.	———	———
PAST ACT.	**спо́ривший**	**поспо́ривший**
PAST PASS.	———	———
ADV. PART.	**спо́ря**	**поспо́рив(-ши)**

СПРАШИВАТЬ / СПРОСИТЬ

ASK (a question)

	IMPERFECTIVE ASPECT		PERFECTIVE ASPECT	
INF.	**спра́шивать**		**спроси́ть**	
PRES.	**спра́шиваю**	**спра́шиваем**		
	спра́шиваешь	**спра́шиваете**	———	
	спра́шивает	**спра́шивают**		
PAST	**спра́шивал**		**спроси́л**	
	спра́шивала		**спроси́ла**	
	спра́шивало		**спроси́ло**	
	спра́шивали		**спроси́ли**	
FUT.	**бу́ду спра́шивать**	**бу́дем спра́шивать**	**спрошу́**	**спро́сим**
	бу́дешь спра́шивать	**бу́дете спра́шивать**	**спро́сишь**	**спро́сите**
	бу́дет спра́шивать	**бу́дут спра́шивать**	**спро́сит**	**спро́сят**
SUBJ.	**спра́шивал бы**		**спроси́л бы**	
	спра́шивала бы		**спроси́ла бы**	
	спра́шивало бы		**спроси́ло бы**	
	спра́шивали бы		**спроси́ли бы**	
IMP.	**спра́шивай**		**спроси́**	
	спра́шивайте		**спроси́те**	

PARTICIPLES

PRES. ACT.	**спра́шивающий**	———
PRES. PASS.	**спра́шиваемый**	———
PAST ACT.	**спра́шивавший**	**спроси́вший**
PAST PASS.	———	**спро́шенный**
ADV. PART.	**спра́шивая**	**спроси́в(-ши)**

LOWER
DESCEND

	IMPERFECTIVE ASPECT		PERFECTIVE ASPECT	
INF.	спускáть		спустúть	
PRES.	спускáю спускáешь спускáет	спускáем спускáете спускáют	———	
PAST	спускáл спускáла спускáло спускáли		спустúл спустúла спустúло спустúли	
FUT.	бýду спускáть бýдешь спускáть бýдет спускáть	бýдем спускáть бýдете спускáть бýдут спускáть	спущý спýстишь спýстит	спýстим спýстите спýстят
SUBJ.	спускáл бы спускáла бы спускáло бы спускáли бы		спустúл бы спустúла бы спустúло бы спустúли бы	
IMP.	спускáй спускáйте		спустú спустúте	

PARTICIPLES

PRES. ACT.	спускáющий	———
PRES. PASS.	спускáемый	———
PAST ACT.	спускáвший	спустúвший
PAST PASS.	———	спýщенный
ADV. PART.	спускáя	спустúв(-ши)

PLACE (upright)

	IMPERFECTIVE ASPECT		PERFECTIVE ASPECT	
INF.	**ста́вить**		**поста́вить**	
PRES.	**ста́влю**	**ста́вим**	———	
	ста́вишь	**ста́вите**		
	ста́вит	**ста́вят**		
PAST	**ста́вил**		**поста́вил**	
	ста́вила		**поста́вила**	
	ста́вило		**поста́вило**	
	ста́вили		**поста́вили**	
FUT.	**бу́ду ста́вить**	**бу́дем ста́вить**	**поста́влю**	**поста́вим**
	бу́дешь ста́вить	**бу́дете ста́вить**	**поста́вишь**	**поста́вите**
	бу́дет ста́вить	**бу́дут ста́вить**	**поста́вит**	**поста́вят**
SUBJ.	**ста́вил бы**		**поста́вил бы**	
	ста́вила бы		**поста́вила бы**	
	ста́вило бы		**поста́вило бы**	
	ста́вили бы		**поста́вили бы**	
IMP.	**ставь**		**поста́вь**	
	ста́вьте		**поста́вьте**	

PARTICIPLES

PRES. ACT.	**ста́вящий**	———
PRES. PASS.	———	———
PAST ACT.	**ста́вивший**	**поста́вивший**
PAST PASS.	———	**поста́вленный**
ADV. PART.	**ста́вя**	**поста́вив(-ши)**

BECOME

	IMPERFECTIVE ASPECT		PERFECTIVE ASPECT	
INF.	становиться		стать	
PRES.	становлюсь	становимся	———	
	становишься	становитесь		
	становится	становятся		
PAST	становился		стал	
	становилась		стала	
	становилось		стало	
	становились		стали	
FUT.	буду становиться	будем становиться	стану	станем
	будешь становиться	будете становиться	станешь	станете
	будет становиться	будут становиться	станет	станут
SUBJ.	становился бы		стал бы	
	становилась бы		стала бы	
	становилось бы		стало бы	
	становились бы		стали бы	
IMP.	становись		стань	
	становитесь		станьте	

PARTICIPLES

PRES. ACT.	становящийся	———
PRES. PASS.	———	———
PAST ACT.	становившийся	ставший
PAST PASS.	———	———
ADV. PART.	становясь	став(-ши)

АТТЕМРТ

	IMPERFECTIVE ASPECT		PERFECTIVE ASPECT	
INF.	**стара́ться**		**постара́ться**	
PRES.	**стара́юсь**	**стара́емся**		
	стара́ешься	**стара́етесь**	———	
	стара́ется	**стара́ются**		
PAST.	**стара́лся**		**постара́лся**	
	стара́лась		**постара́лась**	
	стара́лось		**постара́лось**	
	стара́лись		**постара́лись**	
FUT.	**бу́ду стара́ться**	**бу́дем стара́ться**	**постара́юсь**	**постара́емся**
	бу́дешь стара́ться	**бу́дете стара́ться**	**постара́ешься**	**постара́етесь**
	бу́дет стара́ться	**бу́дут стара́ться**	**постара́ется**	**постара́ются**
SUBJ.	**стара́лся бы**		**постара́лся бы**	
	стара́лась бы		**постара́лась бы**	
	стара́лось бы		**постара́лось бы**	
	стара́лись бы		**постара́лись бы**	
IMP.	**стара́йся**		**постара́йся**	
	стара́йтесь		**постара́йтесь**	

PARTICIPLES

PRES. ACT.	**стара́ющийся**	———
PRES. PASS.	———	———
PAST ACT.	**стара́вшийся**	**постара́вшийся**
PAST PASS.	———	———
ADV. PART.	**стара́ясь**	**постара́вшись**

COST

	IMPERFECTIVE ASPECT	PERFECTIVE ASPECT
INF.	**сто́ить**	
PRES.	**сто́ю**	**сто́им**
	сто́ишь	**сто́ите**
	сто́ит	**сто́ят**
PAST	**сто́ил**	
	сто́ила	
	сто́ило	
	сто́или	
FUT.	**бу́ду сто́ить**	**бу́дем сто́ить**
	бу́дешь сто́ить	**бу́дете сто́ить**
	бу́дет сто́ить	**бу́дут сто́ить**
SUBJ.	**сто́ил бы**	
	сто́ила бы	
	сто́ило бы	
	сто́или бы	
IMP.	———	
	———	

PARTICIPLES

PRES. ACT. **сто́ящий**

PRES. PASS. ———

PAST ACT. **сто́ивший**

PAST PASS. ———

ADV. PART. ———

BE STANDING

	IMPERFECTIVE ASPECT		PERFECTIVE ASPECT	
INF.	стоя́ть		постоя́ть	
PRES.	стою́	стои́м	———	
	стои́шь	стои́те		
	стои́т	стоя́т		
PAST	стоя́л		постоя́л	
	стоя́ла		постоя́ла	
	стоя́ло		постоя́ло	
	стоя́ли		постоя́ли	
FUT.	бу́ду стоя́ть	бу́дем стоя́ть	постою́	постои́м
	бу́дешь стоя́ть	бу́дете стоя́ть	постои́шь	постои́те
	бу́дет стоя́ть	бу́дут стоя́ть	постои́т	постоя́т
SUBJ.	стоя́л бы		постоя́л бы	
	стоя́ла бы		постоя́ла бы	
	стоя́ло бы		постоя́ло бы	
	стоя́ли бы		постоя́ли бы	
IMP.	стой		посто́й	
	сто́йте		посто́йте	

PARTICIPLES

PRES. ACT.	стоя́щий	———
PRES. PASS.	———	———
PAST ACT.	стоя́вший	постоя́вший
PAST PASS.	———	———
ADV. PART.	сто́я	постоя́в(-ши)

CUT (hair)

	IMPERFECTIVE ASPECT		PERFECTIVE ASPECT	
INF.	**стричь**		**постри́чь**	
PRES.	**стригу́** **стрижёшь** **стрижёт**	**стрижём** **стрижёте** **стригу́т**	———	
PAST	**стриг** **стри́гла** **стри́гло** **стри́гли**		**постри́г** **постри́гла** **постри́гло** **постри́гли**	
FUT.	**бу́ду стричь** **бу́дешь стричь** **бу́дет стричь**	**бу́дем стричь** **бу́дете стричь** **бу́дут стричь**	**постригу́** **пострижёшь** **пострижёт**	**пострижём** **пострижёте** **постригу́т**
SUBJ.	**стриг бы** **стри́гла бы** **стри́гло бы** **стри́гли бы**		**постри́г бы** **постри́гла бы** **постри́гло бы** **постри́гли бы**	
IMP.	**стриги́** **стриги́те**		**постриги́** **постриги́те**	

PARTICIPLES

PRES. ACT.	**стригу́щий**	———
PRES. PASS.	———	———
PAST ACT.	**стри́гший**	**постри́гший**
PAST PASS.	———	**постри́женный**
ADV. PART.	———	**постри́гши**

BUILD

	IMPERFECTIVE ASPECT		PERFECTIVE ASPECT	
INF.	стро́ить		постро́ить	
PRES.	стро́ю	стро́им	———	
	стро́ишь	стро́ите		
	стро́ит	стро́ят		
PAST	стро́ил		постро́ил	
	стро́ила		постро́ила	
	стро́ило		постро́ило	
	стро́или		постро́или	
FUT.	бу́ду стро́ить	бу́дем стро́ить	постро́ю	постро́им
	бу́дешь стро́ить	бу́дете стро́ить	постро́ишь	постро́ите
	бу́дет стро́ить	бу́дут стро́ить	постро́ит	постро́ят
SUBJ.	стро́ил бы		постро́ил бы	
	стро́ила бы		постро́ила бы	
	стро́ило бы		постро́ило бы	
	стро́или бы		постро́или бы	
IMP.	строй		постро́й	
	стро́йте		постро́йте	

PARTICIPLES

PRES. ACT.	стро́ящий	———
PRES. PASS.	стро́имый	———
PAST ACT.	стро́ивший	постро́ивший
PAST PASS.	———	постро́енный
ADV. PART.	стро́я	постро́ив(-ши)

DANCE

	IMPERFECTIVE ASPECT		PERFECTIVE ASPECT	
INF.	танцева́ть		потанцева́ть	
PRES.	танцу́ю танцу́ешь танцу́ет	танцу́ем танцу́ете танцу́ют	———	
PAST	танцева́л танцева́ла танцева́ло танцева́ли		потанцева́л потанцева́ла потанцева́ло потанцева́ли	
FUT.	бу́ду танцева́ть бу́дешь танцева́ть бу́дет танцева́ть	бу́дем танцева́ть бу́дете танцева́ть бу́дут танцева́ть	потанцу́ю потанцу́ешь потанцу́ет	потанцу́ем потанцу́ете потанцу́ют
SUBJ.	танцева́л бы танцева́ла бы танцева́ло бы танцева́ли бы		потанцева́л бы потанцева́ла бы потанцева́ло бы потанцева́ли бы	
IMP.	танцу́й танцу́йте		потанцу́й потанцу́йте	

PARTICIPLES

PRES. ACT.	танцу́ющий	———
PRES. PASS.	танцу́емый	———
PAST ACT.	танцева́вший	потанцева́вший
PAST PASS.	———	———
ADV. PART.	танцу́я	потанцева́в(-ши)

ENDURE

	IMPERFECTIVE ASPECT		PERFECTIVE ASPECT	
INF.	**терпе́ть**		**потерпе́ть**	
PRES.	**терплю́** **те́рпишь** **те́рпит**	**те́рпим** **те́рпите** **те́рпят**	———	
PAST	**терпе́л** **терпе́ла** **терпе́ло** **терпе́ли**		**потерпе́л** **потерпе́ла** **потерпе́ло** **потерпе́ли**	
FUT.	**бу́ду терпе́ть** **бу́дешь терпе́ть** **бу́дет терпе́ть**	**бу́дем терпе́ть** **бу́дете терпе́ть** **бу́дут терпе́ть**	**потерплю́** **поте́рпишь** **поте́рпит**	**поте́рпим** **поте́рпите** **поте́рпят**
SUBJ.	**терпе́л бы** **терпе́ла бы** **терпе́ло бы** **терпе́ли бы**		**потерпе́л бы** **потерпе́ла бы** **потерпе́ло бы** **потерпе́ли бы**	
IMP.	**терпи́** **терпи́те**		**потерпи́** **потерпи́те**	

PARTICIPLES

PRES. ACT.	**те́рпящий**	———
PRES. PASS.	**терпи́мый**	———
PAST ACT.	**терпе́вший**	**потерпе́вший**
PAST PASS.	———	———
ADV. PART.	**терпя́**	**потерпе́в(-ши)**

LOSE
BE LOST

	IMPERFECTIVE ASPECT		PERFECTIVE ASPECT	
INF.	**теря́ть**		**потеря́ть**	
PRES.	**теря́ю** **теря́ешь** **теря́ет**	**теря́ем** **теря́ете** **теря́ют**	———	
PAST	**теря́л** **теря́ла** **теря́ло** **теря́ли**		**потеря́л** **потеря́ла** **потеря́ло** **потеря́ли**	
FUT.	**бу́ду теря́ть** **бу́дешь теря́ть** **бу́дет теря́ть**	**бу́дем теря́ть** **бу́дете теря́ть** **бу́дут теря́ть**	**потеря́ю** **потеря́ешь** **потеря́ет**	**потеря́ем** **потеря́ете** **потеря́ют**
SUBJ.	**теря́л бы** **теря́ла бы** **теря́ло бы** **теря́ли бы**		**потеря́л бы** **потеря́ла бы** **потеря́ло бы** **потеря́ли бы**	
IMP.	**теря́й** **теря́йте**		**потеря́й** **потеря́йте**	

PARTICIPLES

PRES. ACT.	**теря́ющий**	———
PRES. PASS.	**теря́емый**	———
PAST ACT.	**теря́вший**	**потеря́вший**
PAST PASS.	———	**поте́рянный**
ADV. PART.	**теря́я**	**потеря́в(-ши)**

DEMAND

	IMPERFECTIVE ASPECT		PERFECTIVE ASPECT	
INF.	**тре́бовать**		**потре́бовать**	
PRES.	**тре́бую** **тре́буешь** **тре́бует**	**тре́буем** **тре́буете** **тре́буют**	———	
PAST	**тре́бовал** **тре́бовала** **тре́бовало** **тре́бовали**		**потре́бовал** **потре́бовала** **потре́бовало** **потре́бовали**	
FUT.	**бу́ду тре́бовать** **бу́дешь тре́бовать** **бу́дет тре́бовать**	**бу́дем тре́бовать** **бу́дете тре́бовать** **бу́дут тре́бовать**	**потре́бую** **потре́буешь** **потре́бует**	**потре́буем** **потре́буете** **потре́буют**
SUBJ.	**тре́бовал бы** **тре́бовала бы** **тре́бовало бы** **тре́бовали бы**		**потре́бовал бы** **потре́бовала бы** **потре́бовало бы** **потре́бовали бы**	
IMP.	**тре́буй** **тре́буйте**		**потре́буй** **потре́буйте**	

PARTICIPLES

PRES. ACT.	**тре́бующий**	———
PRES. PASS.	**тре́буемый**	———
PAST ACT.	**тре́бовавший**	**потре́бовавший**
PAST PASS.	———	**потре́бованный**
ADV. PART.	**тре́буя**	**потре́бовав(-ши)**

KILL

	IMPERFECTIVE ASPECT		PERFECTIVE ASPECT	
INF.	**убива́ть**		**уби́ть**	
PRES.	**убива́ю**	**убива́ем**		
	убива́ешь	**убива́ете**	———	
	убива́ет	**убива́ют**		
PAST	**убива́л**		**уби́л**	
	убива́ла		**уби́ла**	
	убива́ло		**уби́ло**	
	убива́ли		**уби́ли**	
FUT.	**бу́ду убива́ть**	**бу́дем убива́ть**	**убью́**	**убьём**
	бу́дешь убива́ть	**бу́дете убива́ть**	**убьёшь**	**убьёте**
	бу́дет убива́ть	**бу́дут убива́ть**	**убьёт**	**убью́т**
SUBJ.	**убива́л бы**		**уби́л бы**	
	убива́ла бы		**уби́ла бы**	
	убива́ло бы		**уби́ло бы**	
	убива́ли бы		**уби́ли бы**	
IMP.	**убива́й**		**убе́й**	
	убива́йте		**убе́йте**	

PARTICIPLES

PRES. ACT.	**убива́ющий**	———
PRES. PASS.	**убива́емый**	———
PAST ACT.	**убива́вший**	**уби́вший**
PAST PASS.	———	**уби́тый**
ADV. PART.	**убива́я**	**уби́в(-ши)**

УВАЖАТЬ

RESPECT

	IMPERFECTIVE ASPECT	PERFECTIVE ASPECT
INF.	**уважа́ть**	
PRES.	**уважа́ю** **уважа́ешь** **уважа́ет**	**уважа́ем** **уважа́ете** **уважа́ют**
PAST	**уважа́л** **уважа́ла** **уважа́ло** **уважа́ли**	
FUT.	**бу́ду уважа́ть** **бу́дешь уважа́ть** **бу́дет уважа́ть**	**бу́дем уважа́ть** **бу́дете уважа́ть** **бу́дут уважа́ть**
SUBJ.	**уважа́л бы** **уважа́ла бы** **уважа́ло бы** **уважа́ли бы**	
IMP.	**уважа́й** **уважа́йте**	

PARTICIPLES

PRES. ACT.	**уважа́ющий**
PRES. PASS.	**уважа́емый**
PAST ACT.	**уважа́вший**
PAST PASS.	———
ADV. PART.	**уважа́я**

HAVE SUPPER

	IMPERFECTIVE ASPECT		PERFECTIVE ASPECT	
INF.	**у́жинать**		**поу́жинать**	
PRES.	**у́жинаю** **у́жинаешь** **у́жинает**	**у́жинаем** **у́жинаете** **у́жинают**	———	
PAST	**у́жинал** **у́жинала** **у́жинало** **у́жинали**		**поу́жинал** **поу́жинала** **поу́жинало** **поу́жинали**	
FUT.	**бу́ду у́жинать** **бу́дешь у́жинать** **бу́дет у́жинать**	**бу́дем у́жинать** **бу́дете у́жинать** **бу́дут у́жинать**	**поу́жинаю** **поу́жинаешь** **поу́жинает**	**поу́жинаем** **поу́жинаете** **поу́жинают**
SUBJ.	**у́жинал бы** **у́жинала бы** **у́жинало бы** **у́жинали бы**		**поу́жинал бы** **поу́жинала бы** **поу́жинало бы** **поу́жинали бы**	
IMP.	**у́жинай** **у́жинайте**		**поу́жинай** **поу́жинайте**	

PARTICIPLES

PRES. ACT.	**у́жинающий**	———
PRES. PASS.	———	———
PAST ACT.	**у́жинавший**	**поу́жинавший**
PAST PASS.	———	———
ADV. PART.	**у́жиная**	**поу́жинав(-ши)**

PACK

	IMPERFECTIVE ASPECT		PERFECTIVE ASPECT	
INF.	**укла́дывать**		**уложи́ть**	
PRES.	**укла́дываю** **укла́дываешь** **укла́дывает**	**укла́дываем** **укла́дываете** **укла́дывают**	———	
PAST	**укла́дывал** **укла́дывала** **укла́дывало** **укла́дывали**		**уложи́л** **уложи́ла** **уложи́ло** **уложи́ли**	
FUT.	**бу́ду укла́дывать** **бу́дешь укла́дывать** **бу́дет укла́дывать**	**бу́дем укла́дывать** **бу́дете укла́дывать** **бу́дут укла́дывать**	**уложу́** **уло́жишь** **уло́жит**	**уло́жим** **уло́жите** **уло́жат**
SUBJ.	**укла́дывал бы** **укла́дывала бы** **укла́дывало бы** **укла́дывали бы**		**уложи́л бы** **уложи́ла бы** **уложи́ло бы** **уложи́ли бы**	
IMP.	**укла́дывай** **укла́дывайте**		**уложи́** **уложи́те**	

PARTICIPLES

PRES. ACT.	**укла́дывающий**	———
PRES. PASS.	**укла́дываемый**	———
PAST ACT.	**укла́дывавший**	**уложи́вший**
PAST PASS.	———	**уло́женный**
ADV. PART.	**укла́дывая**	**уложи́в(-ши)**

KNOW HOW

	IMPERFECTIVE ASPECT		PERFECTIVE ASPECT	
INF.	умéть		сумéть	
PRES.	умéю умéешь умéет	умéем умéете умéют	———	
PAST	умéл умéла умéло умéли		сумéл сумéла сумéло сумéли	
FUT.	бýду умéть бýдешь умéть бýдет умéть	бýдем умéть бýдете умéть бýдут умéть	сумéю сумéешь сумéет	сумéем сумéете сумéют
SUBJ.	умéл бы умéла бы умéло бы умéли бы		сумéл бы сумéла бы сумéло бы сумéли бы	
IMP.	умéй умéйте		сумéй сумéйте	

PARTICIPLES

PRES. ACT.	умéющий	———
PRES. PASS.	———	———
PAST ACT.	умéвший	сумéвший
PAST PASS.	———	———
ADV. PART.	умéя	сумéв(-ши)

УМИРАТЬ / УМЕРЕТЬ

DIE

	IMPERFECTIVE ASPECT		PERFECTIVE ASPECT	
INF.	умира́ть		умере́ть	
PRES.	умира́ю умира́ешь умира́ет	умира́ем умира́ете умира́ют	———	
PAST	умира́л умира́ла умира́ло умира́ли		у́мер умерла́ у́мерло у́мерли	
FUT.	бу́ду умира́ть бу́дешь умира́ть бу́дет умира́ть	бу́дем умирать бу́дете умира́ть бу́дут умира́ть	умру́ умрёшь умрёт	умрём умрёте умру́т
SUBJ.	умира́л бы умира́ла бы умира́ло бы умира́ли бы		у́мер бы умерла́ бы умерло́ бы умерли́ бы	
IMP.	умира́й умира́йте		умри́ умри́те	

PARTICIPLES

PRES. ACT.	умира́ющий	———
PRES. PASS.	———	———
PAST ACT.	умира́вший	уме́рший
PAST PASS.	———	———
ADV. PART.	умира́я	уме́рши, умере́в

HAVE TIME

	IMPERFECTIVE ASPECT		PERFECTIVE ASPECT	
INF.	**успева́ть**		**успе́ть**	
PRES.	**успева́ю** **успева́ешь** **успева́ет**	**успева́ем** **успева́ете** **успева́ют**	———	
PAST	**успева́л** **успева́ла** **успева́ло** **успева́ли**		**успе́л** **успе́ла** **успе́ло** **успе́ли**	
FUT.	**бу́ду успева́ть** **бу́дешь успева́ть** **бу́дет успева́ть**	**бу́дем успева́ть** **бу́дете успева́ть** **бу́дут успева́ть**	**успе́ю** **успе́ешь** **успе́ет**	**успе́ем** **успе́ете** **успе́ют**
SUBJ.	**успева́л бы** **успева́ла бы** **успева́ло бы** **успева́ли бы**		**успе́л бы** **успе́ла бы** **успе́ло бы** **успе́ли бы**	
IMP.	**успева́й** **успева́йте**		**успе́й** **успе́йте**	

PARTICIPLES

PRES. ACT.	**успева́ющий**	———
PRES. PASS.	———	———
PAST ACT.	**успева́вший**	**успе́вший**
PAST PASS.	———	———
ADV. PART.	**успева́я**	**успе́в(-ши)**

ARRANGE

	IMPERFECTIVE ASPECT		PERFECTIVE ASPECT	
INF.	устра́ивать		устро́ить	
PRES.	устра́иваю устра́иваешь устра́ивает	устра́иваем устра́иваете устра́ивают	———	
PAST	устра́ивал устра́ивала устра́ивало устра́ивали		устро́ил устро́ила устро́ило устро́или	
FUT.	бу́ду устра́ивать бу́дешь устра́ивать бу́дет устра́ивать	бу́дем устра́ивать бу́дете устра́ивать бу́дут устра́ивать	устро́ю устро́ишь устро́ит	устро́им устро́ите устро́ят
SUBJ.	устра́ивал бы устра́ивала бы устра́ивало бы устра́ивали бы		устро́ил бы устро́ила бы устро́ило бы устро́или бы	
IMP.	устра́ивай устра́ивайте		устро́й устро́йте	

PARTICIPLES

PRES. ACT.	устра́ивающий	———
PRES. PASS.	устра́иваемый	———
PAST ACT.	устра́ивавший	устро́ивший
PAST PASS.	———	устро́енный
ADV. PART.	устра́ивая	устро́ив(-ши)

TEACH
LEARN

	IMPERFECTIVE ASPECT		PERFECTIVE ASPECT	
INF.	учи́ть		вы́учить	
PRES.	учу́	у́чим	———	
	у́чишь	у́чите		
	у́чит	у́чат		
PAST	учи́л		вы́учил	
	учи́ла		вы́учила	
	учи́ло		вы́учило	
	учи́ли		вы́учили	
FUT.	бу́ду учи́ть	бу́дем учи́ть	вы́учу	вы́учим
	бу́дешь учи́ть	бу́дете учи́ть	вы́учишь	вы́учите
	бу́дет учи́ть	бу́дут учи́ть	вы́учит	вы́учат
SUBJ.	учи́л бы		вы́учил бы	
	учи́ла бы		вы́учила бы	
	учи́ло бы		вы́учило бы	
	учи́ли бы		вы́учили бы	
IMP.	учи́		вы́учи	
	учи́те		вы́учите	

PARTICIPLES

PRES. ACT.	уча́щий	———
PRES. PASS.	———	———
PAST ACT.	учи́вший	вы́учивший
PAST PASS.	———	вы́ученный
ADV. PART.	уча́	вы́учив(-ши)

ХОДИТЬ*ИДТИ/ПОЙТИ (ВОЙТИ)

WALK

IMPERFECTIVE

	INDETERMINATE		DETERMINATE	
INF.	**ходи́ть**		**идти́**	
PRES.	**хожу́**	**хо́дим**	**иду́**	**идём**
	хо́дишь	**хо́дите**	**идёшь**	**идёте**
	хо́дит	**хо́дят**	**идёт**	**иду́т**
PAST	**ходи́л**		**шёл**	
	ходи́ла		**шла**	
	ходи́ло		**шло**	
	ходи́ли		**шли**	
FUT.	**бу́ду ходи́ть**	**бу́дем ходи́ть**	**бу́ду идти́**	**бу́дем идти́**
	бу́дешь ходи́ть	**бу́дете ходи́ть**	**бу́дешь идти́**	**бу́дете идти́**
	бу́дет ходи́ть	**бу́дут ходи́ть**	**бу́дет идти́**	**бу́дут идти́**
SUBJ.	**ходи́л бы**		**шёл бы**	
	ходи́ла бы		**шла бы**	
	ходи́ло бы		**шло бы**	
	ходи́ли бы		**шли бы**	
IMP.	**ходи́**		**иди́**	
	ходи́те		**иди́те**	

PARTICIPLES

PRES. ACT.	**ходя́щий**	**иду́щий**
PRES. PASS.	———	———
PAST ACT.	**ходи́вший**	**ше́дший**
PAST PASS.	———	———
ADV. PART.	**ходя́**	**идя́**

WANT

	IMPERFECTIVE ASPECT		PERFECTIVE ASPECT	
INF.	хоте́ть		захоте́ть	
PRES.	хочу́	хоти́м	———	
	хо́чешь	хоти́те		
	хо́чет	хотя́т		
PAST	хоте́л		захоте́л	
	хоте́ла		захоте́ла	
	хоте́ло		захоте́ло	
	хоте́ли		захоте́ли	
FUT.	бу́ду хоте́ть	бу́дем хоте́ть	захочу́	захоти́м
	бу́дешь хоте́ть	бу́дете хоте́ть	захо́чешь	захоти́те
	бу́дет хоте́ть	бу́дут хоте́ть	захо́чет	захотя́т
SUBJ.	хоте́л бы		захоте́л бы	
	хоте́ла бы		захоте́ла бы	
	хоте́ло бы		захоте́ло бы	
	хоте́ли бы		захоте́ли бы	
IMP.	———		———	
	———		———	

PARTICIPLES

PRES. ACT.	хотя́щий	———
PRES. PASS.	———	———
PAST ACT.	хоте́вший	захоте́вший
PAST PASS.	———	———
ADV. PART.	———	захоте́в(-ши)

ЦЕЛОВАТЬ/ПОЦЕЛОВАТЬ

KISS

	IMPERFECTIVE ASPECT		PERFECTIVE ASPECT	
INF.	**целова́ть**		**поцелова́ть**	
PRES.	**целу́ю**	**целу́ем**	———	
	целу́ешь	**целу́ете**		
	целу́ет	**целу́ют**		
PAST	**целова́л**		**поцелова́л**	
	целова́ла		**поцелова́ла**	
	целова́ло		**поцелова́ло**	
	целова́ли		**поцелова́ли**	
FUT.	**бу́ду целова́ть**	**бу́дем целова́ть**	**поцелу́ю**	**поцелу́ем**
	бу́дешь целова́ть	**бу́дете целова́ть**	**поцелу́ешь**	**поцелу́ете**
	бу́дет целова́ть	**бу́дут целова́ть**	**поцелу́ет**	**поцелу́ют**
SUBJ.	**целова́л бы**		**поцелова́л бы**	
	целова́ла бы		**поцелова́ла бы**	
	целова́ло бы		**поцелова́ло бы**	
	целова́ли бы		**поцелова́ли бы**	
IMP.	**целу́й**		**поцелу́й**	
	целу́йте		**поцелу́йте**	

PARTICIPLES

PRES. ACT.	**целу́ющий**	———
PRES. PASS.	**целу́емый**	———
PAST ACT.	**целова́вший**	**поцелова́вший**
PAST PASS.	———	**поцело́ванный**
ADV. PART.	**целу́я**	**поцелова́в(-ши)**

CLEAN

	IMPERFECTIVE ASPECT		PERFECTIVE ASPECT	
INF.	чи́стить		вы́чистить	
PRES.	чи́щу	чи́стим	———	
	чи́стишь	чи́стите		
	чи́стит	чи́стят		
PAST	чи́стил		вы́чистил	
	чи́стила		вы́чистила	
	чи́стило		вы́чистило	
	чи́стили		вы́чистили	
FUT.	бу́ду чи́стить	бу́дем чи́стить	вы́чищу	вы́чистим
	бу́дешь чи́стить	бу́дете чи́стить	вы́чистишь	вы́чистите
	бу́дет чи́стить	бу́дут чи́стить	вы́чистит	вы́чистят
SUBJ.	чи́стил бы		вы́чистил бы	
	чи́стила бы		вы́чистила бы	
	чи́стило бы		вы́чистило бы	
	чи́стили бы		вы́чистили бы	
IMP.	чи́сти		вы́чисти	
	чи́стите		вы́чистите	

PARTICIPLES

PRES. ACT.	чи́стящий	———
PRES. PASS.	———	———
PAST ACT.	чи́стивший	вы́чистивший
PAST PASS.	———	вы́чищенный
ADV. PART.	чи́стя	вы́чистив(-ши)

ЧИТАТЬ/ПРОЧИТАТЬ

READ

	IMPERFECTIVE ASPECT		PERFECTIVE ASPECT	
INF.	**чита́ть**		**прочита́ть**	
PRES.	**чита́ю**	**чита́ем**		
	чита́ешь	**чита́ете**	———	
	чита́ет	**чита́ют**		
PAST	**чита́л**		**прочита́л**	
	чита́ла		**прочита́ла**	
	чита́ло		**прочита́ло**	
	чита́ли		**прочита́ли**	
FUT.	**бу́ду чита́ть**	**бу́дем чита́ть**	**прочита́ю**	**прочита́ем**
	бу́дешь чита́ть	**бу́дете чита́ть**	**прочита́ешь**	**прочита́ете**
	бу́дет чита́ть	**бу́дут чита́ть**	**прочита́ет**	**прочита́ют**
SUBJ.	**чита́л бы**		**прочита́л бы**	
	чита́ла бы		**прочита́ла бы**	
	чита́ло бы		**прочита́ло бы**	
	чита́ли бы		**прочита́ли бы**	
IMP.	**чита́й**		**прочита́й**	
	чита́йте		**прочита́йте**	

PARTICIPLES

PRES. ACT.	**чита́ющий**	———
PRES. PASS.	**чита́емый**	———
PAST ACT.	**чита́вший**	**прочита́вший**
PAST PASS.	———	**прочи́танный**
ADV. PART.	**чита́я**	**прочита́в(-ши)**

FEEL

	IMPERFECTIVE ASPECT		PERFECTIVE ASPECT	
INF.	**чу́вствовать**		**почу́вствовать**	
PRES.	**чу́вствую**	**чу́вствуем**		
	чу́вствуешь	**чу́вствуете**		
	чу́вствует	**чу́вствуют**	———	
PAST	**чу́вствовал**		**почу́вствовал**	
	чу́вствовала		**почу́вствовала**	
	чу́вствовало		**почу́вствовало**	
	чу́вствовали		**почу́вствовали**	
FUT.	**бу́ду чу́вствовать**	**бу́дем чу́вствовать**	**почу́вствую**	**почу́вствуем**
	бу́дешь чу́вствовать	**бу́дете чу́вствовать**	**почу́вствуешь**	**почу́вствуете**
	бу́дет чу́вствовать	**бу́дут чу́вствовать**	**почу́вствует**	**почу́вствуют**
SUB.	**чу́вствовал бы**		**почу́вствовал бы**	
	чу́вствовала бы		**почу́вствовала бы**	
	чу́вствовало бы		**почу́вствовало бы**	
	чу́вствовали бы		**почу́вствовали бы**	
IMP.	**чу́вствуй**		**почу́вствуй**	
	чу́вствуйте		**почу́вствуйте**	

PARTICIPLES

PRES. ACT.	**чу́вствующий**	———
PRES. PASS.	**чу́вствуемый**	———
PAST ACT.	**чу́вствовавший**	**почу́вствовавший**
PAST PASS.	———	**почу́вствованный**
ADV. PART.	**чу́вствуя**	**почу́вствовав(-ши)**

MAKE NOISE

	IMPERFECTIVE ASPECT		PERFECTIVE ASPECT	
INF.	**шуме́ть**		**зашуме́ть**	
PRES.	**шумлю́**	**шуми́м**	———	
	шуми́шь	**шуми́те**		
	шуми́т	**шумя́т**		
PAST	**шуме́л**		**зашуме́л**	
	шуме́ла		**зашуме́ла**	
	шуме́ло		**зашуме́ло**	
	шуме́ли		**зашуме́ли**	
FUT.	**бу́ду шуме́ть**	**бу́дем шуме́ть**	**зашумлю́**	**зашуми́м**
	бу́дешь шуме́ть	**бу́дете шуме́ть**	**зашуми́шь**	**зашуми́те**
	бу́дет шуме́ть	**бу́дут шуме́ть**	**зашуми́т**	**зашумя́т**
SUBJ.	**шуме́л бы**		**зашуме́л бы**	
	шуме́ла бы		**зашуме́ла бы**	
	шуме́ло бы		**зашуме́ло бы**	
	шуме́ли бы		**зашуме́ли бы**	
IMP.	**шуми́**		**зашуми́**	
	шуми́те		**зашуми́те**	

PARTICIPLES

PRES. ACT.	**шумя́щий**	———
PRES. PASS.	———	———
PAST ACT.	**шуме́вший**	**зашуме́вший**
PAST PASS.	———	———
ADV. PART.	**шумя́**	**зашуме́в(-ши)**

JOKE

	IMPERFECTIVE ASPECT		PERFECTIVE ASPECT	
INF.	**шути́ть**		**пошути́ть**	
PRES.	**шучу́**	**шу́тим**		
	шу́тишь	**шу́тите**	———	
	шу́тит	**шу́тят**		
PAST	**шути́л**		**пошути́л**	
	шути́ла		**пошути́ла**	
	шути́ло		**пошути́ло**	
	шути́ли		**пошути́ли**	
FUT.	**бу́ду шути́ть**	**бу́дем шути́ть**	**пошучу́**	**пошу́тим**
	бу́дешь шути́ть	**бу́дете шути́ть**	**пошу́тишь**	**пошу́тите**
	бу́дет шути́ть	**бу́дут шути́ть**	**пошу́тит**	**пошу́тят**
SUBJ.	**шути́л бы**		**пошути́л бы**	
	шути́ла бы		**пошути́ла бы**	
	шути́ло бы		**пошути́ло бы**	
	шути́ли бы		**пошути́ли бы**	
IMP.	**шути́**		**пошути́**	
	шути́те		**пошути́те**	

PARTICIPLES

PRES. ACT.	**шутя́щий**	———
PRES. PASS.	———	———
PAST ACT.	**шути́вший**	**пошути́вший**
PAST PASS.	———	———
ADV. PART.	**шутя́**	**пошути́в(-ши)**

ENGLISH-RUSSIAN INDEX

The English-Russian Index includes all verbs listed in the Russian-English Index. When two verbs are listed and separated by a slash, the first is imperfective and the second is perfective. When only one verb is listed, its aspect is indicated by I or P. Two verbs separated by an asterisk form a double-imperfective pair, and the third verb following the slash serves as perfective for both of them.

The case required by each verb is indicated in the manner shown below. Required prepositions have been included.

	persons	*things*
Genitive	кого	чего
Dative	кому	чему
Accusative	кого	что
Instrumental	кем	чем
Prepositional	(о) ком	(о) чём

accept принима́ть/приня́ть, кого-что,
accomplish сде́лать P что
ache боле́ть (2) I
acquaint знако́мить/познако́мить, кого-что, с кем-чем
acquire приобрета́ть/приобрести́, кого-что
advise сове́товать/посове́товать, кому-чему, что
answer отвеча́ть/отве́тить, кому-чему, на что, за кого-что, чем
argue спо́рить/поспо́рить, с кем-чем, о ком-чём
arrange устра́ивать/устро́ить, что
ask (a question) спра́шивать/спроси́ть, кого-что, у кого-чего, о ком-чём
assign задава́ть/зада́ть, что, кому-чему
attempt стара́ться/постара́ться
attract привлека́ть/привле́чь, кого-что, к чему, чем
avoid избега́ть/избежа́ть, кого-чего

bake печь/испе́чь, что
be быть I
be able мочь/смочь
be afraid of боя́тся/побоя́ться, кого-чего
be born рожда́ться/роди́ться
be distinguished отлича́ться/отличи́ться, чем
be hanging висе́ть I
be ill боле́ть I, чем
be interested интересова́ться/заинтересова́ться, кем-чем
be late опа́здывать/опозда́ть, на что
be lost теря́ться/потеря́ться, пропада́ть/пропа́сть
be lying лежа́ть/полежа́ть

be pleasing нра́виться/понра́виться, кому-чему
be sitting сиде́ть/посиде́ть
be standing стоя́ть/постоя́ть
be uneasy беспоко́иться/обеспоко́иться, о ком-чём
become станови́ться/стать, кем-чем
become accustomed привыка́ть/привы́кнуть, к кому-чему
become changed изменя́ться/измени́ться
become ill заболе́ть Р, чем
begin начина́ть/нача́ть, что
begin to laugh засмея́ться Р
believe ве́рить/пове́рить, кому-чему, в кого-что
blame обвиня́ть/обвини́ть, кого-что, в чём
blow дуть/поду́ть
break off обрыва́ть/оборва́ть, что
bring приноси́ть/принести́, кого-что
bring (someone) приводи́ть/привести́, кого-что
bring by vehicle привози́ть/привезти́, кого-что
bring to a stop остана́вливать/останови́ть, кого-что
build стро́ить/постро́ить, что
burn горе́ть/сгоре́ть (intransitive), жечь/сжечь, кого-что
buy покупа́ть/купи́ть, что

call звать/позва́ть, кого-что
carry носи́ть*нести́/понести́, кого-что
carry across переноси́ть/перенести́, кого-что
carry away относи́ть/отнести́, кого-что, уноси́ть/унести́, кого-что
carry by vehicle вози́ть*везти́/повезти́, кого-что
carry in вноси́ть/внести́, кого-что, во что
carry out выноси́ть/вы́нести, кого-что, из чего
catch лови́ть/пойма́ть, кого-что
catch cold простужа́ться/простуди́ться
catch sight of уви́деть Р, кого-что
catch sound of услы́шать Р, кого-что
change изменя́ть/измени́ть, кого-что
choose избира́ть/избра́ть, кого-что
clean чи́стить/вы́чистить, что
close закрыва́ть/закры́ть, что
collect собира́ть/собра́ть, кого-что
come by vehicle приезжа́ть/прие́хать
come down сходи́ть/сойти́, с чего
come flying прилета́ть/прилете́ть
come on foot приходи́ть/прийти́
come to a stop остана́вливаться/останови́ться
complain жа́ловаться/пожа́ловаться, на кого-что кому-чему
conceal скрыва́ть/скры́ть, кого-что, от кого-чего
concern каса́тся/косну́ться, кого-чего
conclude заключа́ть/заключи́ть, что
consider рассма́тривать/рассмотре́ть, что
consume съесть Р что
continue продожа́ть/продо́лжить, что
correct поправля́ть/попра́вить, кого-что
cost сто́ить I, что
count счита́ть/сосчита́ть, кого-что
cover покрыва́ть/покры́ть, кого-что, чем

create создава́ть/созда́ть, что
cross out зачёркивать/зачеркну́ть, что
cure вы́лечить P, кого-что, от чего
cut ре́зать/разре́зать, кого-что
cut (hair) стричь/постри́чь, кого-что

dance танцева́ть/потанцева́ть, что
demand тре́бовать/потре́бовать, чего, от кого
descend спуска́ться/спусти́ться
describe опи́сывать/описа́ть, кого-что
destroy разруша́ть/разру́шить, что
develop разраба́тывать/разрабо́тать, что
die умира́ть/умере́ть
differentiate различа́ть/различи́ть, кого-что
disappear исчеза́ть/исче́знуть
distinguish отлича́ть/отличи́ть, кого-что, от кого-чего
distract развлека́ть/развле́чь, кого, чем
do де́лать/сде́лать, что
draw рисова́ть/нарисова́ть, кого-что
dress одева́ть/оде́ть, кого-что
drink пить/вы́пить, что
drive by проезжа́ть/прое́хать
drive in въезжа́ть/въе́хать, во что
drive out выезжа́ть/вы́ехать, из чего
drop in заходи́ть/зайти́, к кому, за кем-чем

earn зараба́тывать/зараба́тать, что
eat есть/съесть, что
elect выбира́ть/вы́брать, кого-что
endure терпе́ть/потерпе́ть, кого-что
enjoy по́льзоваться/воспо́льзоваться, чем

enroll поступа́ть/поступи́ть
exchange переменя́ть/перемени́ть, кого-что
exclude исключа́ть/исключи́ть, кого-что, из чего
excuse извиня́ть/извини́ть, кого-что, за что
explain объясня́ть/объясни́ть, что, кому-чему
explode взрыва́ть/взорва́ть, что, чем
export вывози́ть/вы́везти, кого-что
express выража́ть/вы́разить, что

fall па́дать/упа́сть
fall asleep засыпа́ть/засну́ть
feel чу́вствовать/почу́вствовать, что
find находи́ть/найти́, кого-что
find out узнава́ть/узна́ть, кого-что, о ком-чём
finish конча́ть/ко́нчить, что, чем
fly лета́ть*лете́ть/полете́ть
fly away улета́ть/улете́ть
fly in влета́ть/влете́ть
fly out вылета́ть/вы́лететь
follow сле́довать/после́довать, за кем-чем, кому-чему
forget забыва́ть/забы́ть, кого-что, о ком-чём
forgive проща́ть/прости́ть, кого (Acc.), что кому-чему
foresee предви́деть I, что
foretell предска́зывать/предсказа́ть, что
freeze замерза́ть/замёрзнуть
fulfil выполня́ть/вы́полнить, что

gather собира́ться/собра́ться
get acquainted знако́миться/познако́миться, с кем-чем

get angry сердиться/рассердиться, на кого-что
get dressed одева́ться/оде́ться
get off сходи́ть/сойти́, с чего
get to попада́ть/попа́сть, во что
get undressed раздева́ться/разде́ться
get up встава́ть/встать
get well поправля́ться/попра́виться
give дава́ть/дать, кого-что, кому-чему
give a shout кри́кнуть Р, на кого, от чего
give away отдава́ть/отда́ть, кого-что, кому-чему
give back возвраща́ть/возврати́ть, кого-что, кому-чему
go back возвраща́ться/возврати́ться
grow расти́ I
grow up вы́расти Р

hate ненави́деть I, кого-что, за что
have име́ть I, кого-что
have breakfast за́втракать/поза́втракать
have dinner обе́дать/пообе́дать
have supper у́жинать/поу́жинать
have time успева́ть/успе́ть
hear слы́шать I, кого-что, о ком-чём
help помога́ть/помо́чь, кому-чему, чем, в чём
hide пря́тать/спря́тать, кого-что
hinder меша́ть/помеша́ть, кому-чему
hire нанима́ть/наня́ть, кого-что
hit попада́ть/попа́сть, в кого-что, чем
hold держа́ть I, кого-что
hope наде́яться/понаде́яться, на кого-что
hunt лови́ть/пойма́ть, кого-что
hurry спеши́ть/поспеши́ть

import ввози́ть/ввезти́, кого-что, во что
include включа́ть/включи́ть, кого-что, во что
intend собира́ться/собра́ться
interest интересова́ть/заинтересова́ть, кого-что
introduce вводи́ть/ввести́, кого-что
invent изобрета́ть/изобрести́, что
invite приглаша́ть/пригласи́ть, кого-что

joke шути́ть/пошути́ть, над кем-чем, с кем-чем
jump пры́гать/пры́гнуть

keep сохраня́ть/сохрани́ть, кого-что
kill убива́ть/уби́ть, кого-что
kiss целова́ть/поцелова́ть, кого-что
know знать I, кого-что, о ком-чём
know how уме́ть/суме́ть

lag behind отстава́ть/отста́ть, от кого-чего
laugh смея́ться I, над кем-чем
lead води́ть*вести́/повести́, кого-что
lead in вводи́ть/ввести́, кого-что, во что
lead out выводи́ть/вы́вести, кого-что
learn изучи́ть Р, кого-что
leave behind оставля́ть/оста́вить, кого-что
leave by vehicle уезжа́ть/уе́хать
leave on foot уходи́ть/уйти́
lie down ложи́ться/лечь
like люби́ть/полюби́ть, кого-что
listen слу́шать/послу́шать, кого-что
live жить I
look at смотре́ть/посмотре́ть, на кого-что

look over осма́тривать/осмотре́ть, кого-что
lose теря́ть/потеря́ть, кого-что
lose (a game) прои́грывать/проигра́ть, что
love люби́ть/полюби́ть, кого-что
lower спуска́ть/спусти́ть, кого-что

make a mistake ошиба́ться/ошиби́ться, в ком-чём
make noise шуме́ть/зашуме́ть
make uneasy беспоко́ить/обеспоко́ить, кого-что
marry (of a man) жени́ться I, P, на ком
meet встреча́ть/встре́тить, кого-что
memorize запомина́ть/запо́мнить, кого-что
move дви́гать/дви́нуть, что

name звать/позва́ть, кого-что, называ́ть/назва́ть, кого-что, кем-чем
narrate расска́зывать/рассказа́ть, что, о ком-чем, кому-чему
note down запи́сывать/записа́ть, кого-что
notice замеча́ть/заме́тить, кого-что

obtain достава́ть/доста́ть, что
occupy занима́ть/заня́ть, кого-что
open открыва́ть/откры́ть, что
order зака́зывать/заказа́ть, что
outdistance обгоня́ть/обогна́ть, кого-что

pack укла́дывать/уложи́ть, что
pass (an exam.) выде́рживать/вы́держать, что
pay плати́ть/заплати́ть, что, за что, кому-чему
photograph снима́ть/снять, кого-что
place (flat) класть/положи́ть, кого-что
place (upright) ста́вить/поста́вить, кого-что
play игра́ть/сыгра́ть, во что (game), на чём (musical instrument)
pour лить/нали́ть, что
prefer предпочита́ть/предпоче́сть, кого-что, кому-чему
prepare гото́вить/пригото́вить, кого-что
prescribe пропи́сывать/прописа́ть, кого-что, кому
present представля́ть/предста́вить, кого-что, кому-чему
press жать/пожа́ть, что
produce выраба́тывать/вы́работать, что
promise обеща́ть I, P, что, кому-чему
pronounce произноси́ть/произнести́, что
prove дока́зывать/доказа́ть, что, кому-чему
pull out вытя́гивать/вы́тянуть, что
punish нака́зывать/наказа́ть, кого-что, за что
put on надева́ть/наде́ть, что, на кого-что

raise поднима́ть/подня́ть, кого-что
read чита́ть/прочита́ть, кого-что
receive получа́ть/получи́ть, что
recognize признава́ть/призна́ть, что
refuse отка́зывать/отказа́ть, кому-чему, в чём
remain остава́ться/оста́ться

remember по́мнить/вспо́мнить, кого-что, о ком-чём
rent снима́ть/снять, что
rent (out) сдава́ть/сдать, что, кому-чему
repeat повторя́ть/повтори́ть, что
replace заменя́ть/замени́ть, кого-что, кем-чем
request проси́ть/попроси́ть, кого-что, чего
respect уважа́ть I, кого-что, за что
rest отдыха́ть/отдохну́ть
return (give back) возвраща́ть/возврати́ть, кого-что, кому-чему
return (go back) возвраща́ться/возврати́ться
rewrite переписывать/переписа́ть, что
ride е́здить*е́хать/пое́хать
ring звони́ть/позвони́ть, кому
run бе́гать*бежа́ть/побежа́ть
run away убега́ть/убежа́ть
run in вбега́ть/вбежа́ть, во что
run out выбега́ть/вы́бежать
rush броса́ться/бро́ситься

save спаса́ть/спасти́, кого-что, от кого-чего
say говори́ть/сказа́ть, что, кому-чему
say farewell проща́ться/прости́ться, с кем-чем
search for иска́ть/поиска́ть, кого-что
see ви́деть I, кого-что
seem каза́ться/показа́ться, кем-чем
sell продава́ть/прода́ть, кого-что, кому-чему
send посыла́ть/посла́ть, кого-что
set (table) накрыва́ть/накры́ть, что, чем
shave брить/побри́ть, кого-что
shave oneself бри́ться/побри́ться
shout крича́ть I, на кого-что, о ком-чём
show пока́зывать/показа́ть, кому-чему, кого-что
sign подпи́сывать/подписа́ть, что
sing петь/спеть, что
sit down сади́ться/сесть
sleep спать/поспа́ть
smoke кури́ть/покури́ть, что
solve реша́ть/реши́ть, что
spend (time) проводи́ть/провести́, что
steal красть/укра́сть,/кого-что, у кого
study занима́ться/заня́ться, чем, изуча́ть/изучи́ть, что, учи́ться/вы́учиться, чему
subscribe выпи́сывать/вы́писать, что
summon вызыва́ть/вы́звать, кого-что, на что
swim пла́вать*плыть/попл́ыть
swim up to доплыва́ть/доплы́ть, до кого-чего
switch on включа́ть/включи́ть, что
switch off выключа́ть/вы́ключить, что

take брать/взять, кого-что, у кого
take a walk гуля́ть/погуля́ть
take (someone) away уводи́ть/увести́, кого
take away (by vehicle) отвози́ть/отвезти́/кого-что, увози́ть/увезти́, кого-что
take care of бере́чь/побере́чь, кого-что
take off снима́ть/снять, что
talk говори́ть/поговори́ть, о ком-чём, с кем-чем

teach преподава́ть I, что, кому, учи́ть/вы́учить, кого-что, чему
tear рвать I, что
tear off отрыва́ть/оторва́ть, что
tear to bits разрыва́ть/разорва́ть, кого-что
thank благодари́ть/поблагодари́ть, кого-что, за что
think ду́мать/поду́мать, о ком-чём
throw броса́ть/бро́сить, кого-что
tidy up убира́ть/убра́ть, что
touch каса́ться/косну́ться, кого-чего
transfer переводи́ть/перевести́, кого-что
translate переводи́ть/перевести́, кого-что
transmit передава́ть/переда́ть, кого-что, кому-чему
travel путеше́ствовать I
treat лечи́ть I, кого-что
turn out ока́зываться/оказа́ться

underline подчёркивать/подчеркну́ть, что
understand понима́ть/поня́ть, кого-что
undress раздева́ть/разде́ть, кого-что
use по́льзоваться/воспо́льзоваться, чем

verify провер́ять/прове́рить, кого-что
visit посеща́ть/посети́ть, кого-что

wait ждать/подожда́ть, кого-что or кого-чего
wake буди́ть/разбуди́ть, кого-что
wake up просыпа́ться/просну́ться
walk ходи́ть*идти́/пойти́
walk across переходи́ть/перейти́, что or через что
walk around обходи́ть/обойти́, кого-что
walk away отходи́ть/отойти́, от кого-чего
walk in входи́ть/войти́, во что
walk out выходи́ть/вы́йти, из чего
walk past проходи́ть/пройти́
walk up to подходи́ть/подойти́, к кому-чему
want хоте́ть/захоте́ть, чего
wash мыть/вы́мыть, кого-что
wash oneself мы́ться/вы́мыться
weep пла́кать/запла́кать
win выи́грывать/вы́играть, что
wish жела́ть/пожела́ть, кому-чему, чего
work рабо́тать/пораба́тать, над чем
write писа́ть/написа́ть, что, о ком-чём, кому-чему, чем

RUSSIAN-ENGLISH INDEX

THE RUSSIAN-ENGLISH INDEX contains over 600 Russian verbs in alphabetical order. Imperfective verbs are designated by I and perfective verbs by P. A definition is given for a perfective verb only when it differs significantly from that given for its imperfective counterpart. The English definitions given here are frequently not the only ones possible for each verb. For more complete definitions, a dictionary should be consulted.

The foremat of the index is as follows:

1) Verbs followed only by an English definition are conjugated in the book and are listed there in alphabetical order.

2) Verbs followed by another verb not in parentheses are conjugated in the book and are listed there under the verb that follows. These are generally perfective counterparts of listed imperfective verbs.

3) Prefixed verbs followed by a verb in parentheses are not conjugated in the book. They differ from the verb in parentheses only in prefix. Thus their conjugations are easily learned by looking at that of the verb in parentheses which is conjugated in the book. (Remember that perfective verbs are listed under their imperfective counterparts). An asterisk indicates a shift of stress which is apparent from the infinitive and is retained throughout the conjugation.

бе́гать I run
бежа́ть I бе́гать
бере́чь I take care of
беспоко́ить I make uneasy
беспоко́иться I be uneasy
благодари́ть I thank
боле́ть I be ill
боле́ть (2) I ache
боя́ться I be afraid of
брать I take
брить I shave
бри́ться I shave oneself
броса́ть I throw
броса́ться I rush
бро́сить P броса́ть
бро́ситься P броса́ться
буди́ть I wake
быть I be

вбега́ть I run in
вбежа́ть P вбега́ть
ввезти́ P ввози́ть
ввести́ P вводи́ть
вводи́ть I lead in, introduce
ввози́ть I import
везти́ I вози́ть
ве́рить I believe
вести́ I води́ть
взорва́ть P взрыва́ть
взрыва́ть I explode
взять P брать
ви́деть I see

висе́ть I be hanging
включа́ть I include, switch on
включи́ть P включа́ть
влета́ть I fly in
влете́ть P влета́ть
внести́ P вноси́ть
вноси́ть I carry in
води́ть I lead
возврати́ть I возвраща́ть
возврати́ться P возвраща́ться
возвраща́ть I give back, return
возвраща́ться I go back, return
вози́ть I carry by vehicle
войти́ P входи́ть
воспо́льзоваться P по́льзоваться
встава́ть I get up
встать P встава́ть
встре́тить P встреча́ть
встреча́ть I meet
входи́ть I walk in
въезжа́ть I drive in
въе́хать P въезжа́ть
выбега́ть I (вбега́ть) run out
вы́бежать*P (вбежа́ть)
выбира́ть I (избира́ть) elect
вы́брать* P (избра́ть)
вы́везти* P (ввезти́)
вы́вести* P (ввести́)
выводи́ть I (вводи́ть) lead out
вывози́ть I (ввозить) export
вы́держать P выде́рживать
выде́рживать I pass (an exam)
выезжа́ть I (въезжа́ть) drive out
вы́ехать* P (въе́хать)
вы́звать* P (назва́ть)
вызыва́ть I (называ́ть) summon
вы́играть P вы́игрывать
вы́игрывать I win
вы́йти* P (войти́)
выключа́ть I (включа́ть) switch off
вы́ключить* P (включи́ть)
вылета́ть I (влета́ть) fly out
вы́лететь* P (влете́ть)
вы́лечить P лечи́ть cure
вы́мыть P мыть
вы́мыться P мы́ться
вы́нести* P (внести́)
выноси́ть I (вноси́ть) carry out
вы́писать* P (записа́ть)
выпи́сывать I (запи́сывать) subscribe
вы́пить P пить
вы́полнить P выполня́ть
выполня́ть I fulfil
выраба́тывать I (зараба́тывать) produce
вы́работать* P (зарабо́тать)
выража́ть I express
вы́разить P выража́ть
вы́расти P расти́ grow up
вытя́гивтаь I pull out
вы́тянуть P вытя́гивать
вы́учить P учи́ть
вы́учиться P учи́ться
выходи́ть I (входи́ть) walk out
вы́чистить P чи́стить

говори́ть I talk
горе́ть I burn
гото́вить I prepare
гуля́ть I take a walk

дава́ть I give
дать P дава́ть
дви́гать I move
дви́нуть P дви́гать
де́лать I do
держа́ть I hold
доказа́ть P (заказа́ть)
дока́зывать I (зака́зывать) prove
доплыва́ть I swim up to

доплы́ть P доплыва́ть
доставáть I (вставáть) obtain
достáть P (встать)
ду́мать I think
дуть I blow

е́здить I ride
есть I eat
е́хать I е́здить

жáловаться I complain
жать I press
ждать I wait
желáть I wish
жени́ться I, P marry (said of a man)
жечь I burn
жить I live

заболéть P болéть become ill
забывáть I forget
забы́ть P забывáть
зáвтракать I have breakfast
задавáть I (давáть) assign
задáть P (дать)
заинтересовáть P интересовáть
заинтересовáться P интересовáться
зайти́ P (войти́)
заказáть P закáзывать
закáзывать I order
заключáть I (включáть) conclude
заключи́ть P (включи́ть)
закрывáть I close
закры́ть P закрывáть
замени́ть P (измени́ть)
заменя́ть I (изменя́ть) replace
замерзáть I freeze
замёрзнуть P замерзáть
замéтить P замечáть
замечáть I notice
занимáть I occupy
занимáться I study
заня́ть P занимáть
заня́ться P занимáться
записáть P запи́сывать
запи́сывать I note down
заплáкать P плáкать
заплати́ть P плати́ть
запоминáть I memorize
запóмнить P запоминáть
зарабáтывать I earn
заработáть P зарабáтывать
засмея́ться P смея́ться begin to laugh
засну́ть P (просну́ться)
засыпáть I (просыпáться) fall asleep
заходи́ть I (входи́ть) drop in
захотéть P хотéть
зачёркивать I cross out
зачеркну́ть P зачёркивать
зашумéть P шумéть
звать I call, name
звони́ть I ring
знакóмить I acquaint
знакóмиться I get acquainted
знать I know

игрáть I play
идти́ I ходи́ть
избегáть I (вбегáть) avoid
избежáть P (вбежáть)
избирáть I choose
избрáть P избирáть
извини́ть P извиня́ть
извиня́ть I excuse
измени́ть P изменя́ть
измени́ться P изменя́ться
изменя́ть I change
изменя́ться I become changed
изобрести́ P изобретáть

изобрета́ть I invent
изуча́ть I study
изучи́ть P изуча́ть learn
име́ть I have
интересова́ть I interest
интересова́ться I be interested
иска́ть I search for
исключа́ть I (включа́ть) exclude
исключи́ть P (включи́ть)
испе́чь P печь
исчеза́ть I disappear
исче́знуть P исчеза́ть

каза́ться I seem
каса́ться I touch, concern
класть I place (flat)
конча́ть I finish
ко́нчить P конча́ть
косну́ться P каса́ться
красть I steal
кри́кнуть P крича́ть give a shout
крича́ть I shout
купи́ть P покупа́ть
кури́ть I smoke

лежа́ть I be lying
лета́ть I fly
лете́ть I лета́ть
лечи́ть I treat
лечь P ложи́ться
лить I pour
лови́ть I hunt, catch
ложи́ться I lie down
люби́ть I like, love

меша́ть I hinder
мочь I be able
мыть I wash
мы́ться I wash oneself

надева́ть I (одева́ть) put on
наде́ть P (оде́ть)
наде́яться I hope
назва́ть P называ́ть
называ́ть I name
найти́ P (войти́)
наказа́ть P (заказа́ть)
нака́зывать I (зака́зывать) punish
накрыва́ть I (закрыва́ть) set (table)
накры́ть P (закры́ть)
нали́ть P лить
нанима́ть I (занима́ть) hire
наня́ть P (заня́ть)
написа́ть P писа́ть
нарисова́ть P рисова́ть
находи́ть I (входи́ть) find
нача́ть P начина́ть
начина́ть I begin
ненави́деть I (ви́деть) hate
нести́ I носи́ть
носи́ть I carry
нра́виться I be pleasing

обвини́ть P (извини́ть)
обвиня́ть I (извиня́ть) blame
обгоня́ть I outdistance
обе́дать I have dinner
обеспоко́ить P беспоко́ить
обеспоко́иться P беспоко́иться
обеща́ть I, P promise
обогна́ть P обгоня́ть
обойти́ P (войти́)
оборва́ть P (взорва́ть)
обрыва́ть I (взрыва́ть) break off
обходи́ть I (входи́ть) walk around
объясни́ть P объясня́ть
объясня́ть I explain
одева́ть I dress
одева́ться I get dressed
оде́ть P одева́ть

одéться P одевáться
оказáться P (заказáть)
окáзываться I (закáзывать) turn out
опáздывать I be late
описáть P (записáть)
опи́сывать I (запи́сывать) describe
опоздáть P опáздывать
осмáтривать I look over
осмотрéть P осмáтривать
оставáться I remain
остáвить P оставля́ть
оставля́ть I leave behind
останáвливать I bring to a stop
останáвливаться I come to a stop
останови́ть P останáвливать
останови́ться P останáвливаться
остáться P оставáться
отвезти́ P (ввезти́)
отвéтить P отвечáть
отвечáть I answer
отвози́ть I (ввози́ть) take away (by car)
отдавáть I (давáть) give away
отдáть P (дать)
отдохну́ть P отдыхáть
отдыхáть I rest
отказáть P (заказáть)
откáзывать I (закáзывать) refuse
открывáть I (закрывáть) open
откры́ть P (закры́ть)
отличáть I distinguish
отличáться I be distinguished
отличи́ть P отличáть
отличи́ться P отличáться
отнести́ P (внести́)
относи́ть I (вноси́ть) carry away
отойти́ P (войти́)
оторвáть P (взорвáть)
отрывáть I (взрывáть) tear off
отставáть I (вставáть) lag behind
отстáть P (встать)
отходи́ть I (входи́ть) walk away
ошибáться I make a mistake
ошиби́ться P ошибáться

пáдать I fall
перевести́ P (ввести́)
переводи́ть I (вводи́ть) transfer, translate
передавáть I (давáть) transmit
передáть P (дать)
перейти́ P (войти́)
переменить P (измени́ть)
переменя́ть I (изменя́ть) exchange
перенести́ P (внести́)
переноси́ть I (вноси́ть) carry across
переписáть P (записáть)
перепи́сывать I (запи́сывать) rewrite
переходи́ть I (входи́ть) walk across
петь I sing
печь I bake
писáть I write
пить I drink
плáвать I swim
плáкать I weep
плати́ть I pay
плыть I плáвать
побежáть P (вбежáть)
поберéчь P берéчь
поблагодари́ть P благодари́ть
побри́ть P брить
побри́ться P бри́ться
повезти́ P (ввезти́)
повести́ P (ввести́)
повéрить P вéрить
повтори́ть P повторя́ть
повторя́ть I repeat
погуля́ть P гуля́ть
поднимáть I (занимáть) raise

подня́ть P (заня́ть)
подожда́ть P ждать
подойти́ P (войти́)
подписа́ть P (записа́ть)
подпи́сывать I (запи́сывать) sign
поду́мать P ду́мать
поду́ть P дуть
подходи́ть I (входи́ть) walk up to
подчёркивать I (зачёркивать) underline
подчеркну́ть P (зачеркну́ть)
пое́хать P (въе́хать)
пожа́ловаться P жа́ловаться
пожа́ть P жать
пожела́ть P жела́ть
поза́втракать P за́втракать
позва́ть P звать
позвони́ть P звони́ть
познако́мить P знако́мить
познако́миться P знако́миться
поиска́ть P иска́ть
пойма́ть P лови́ть
пойти́ P (войти́)
показа́ть P (заказа́ть)
показа́ться P каза́ться
пока́зывать I (зака́зывать) show
покрыва́ть I (закрыва́ть) cover
покры́ть P (закры́ть)
покупа́ть I buy
покури́ть P кури́ть
полежа́ть P лежа́ть
полете́ть P (влете́ть)
положи́ть P класть
получа́ть I receive
получи́ть P получа́ть
по́льзоваться I use, enjoy
полюби́ть P люби́ть
помеша́ть P меша́ть
по́мнить I remember
помога́ть I help
помо́чь P помога́ть
понаде́яться P наде́яться
понести́ P (внести́)
понима́ть I (занима́ть) understand
понра́виться P нра́виться
поня́ть P (заня́ть)
пообе́дать P обе́дать
попада́ть* I (па́дать) hit, get to
попа́сть P (упа́сть)
поплы́ть P (доплы́ть)
попра́вить P поправля́ть
попра́виться P поправля́ться
поправля́ть I correct
поправля́ться I get well
попроси́ть P проси́ть
попутеше́ствовать P путеше́ствовать
пораба́тать P рабо́тать
посети́ть P посеща́ть
посеща́ть I visit
посиде́ть P сиде́ть
посла́ть P посыла́ть
после́довать P сле́довать
послу́шать P слу́шать
посмотре́ть P смотре́ть
посове́товать P сове́товать
поспа́ть P спать
поспеши́ть P спеши́ть
поспо́рить P спо́рить
поста́вить P ста́вить
постара́ться P стара́ться
постоя́ть P стоя́ть
постри́чь P стричь
постро́ить P стро́ить
поступа́ть I enroll
поступи́ть P поступа́ть
посыла́ть I send
потанцева́ть P танцева́ть
потерпе́ть P терпе́ть
потеря́ть P теря́ть
потре́бовать P тре́бовать

поу́жинать P у́жинать
поцелова́ть P целова́ть
почу́вствовать P чу́вствовать
пошути́ть P шути́ть
предви́деть I (ви́деть) foresee
предпоче́сть P предпочита́ть
предпочита́ть I prefer
предсказа́ть P (рассказа́ть)
предска́зывать I (рассска́зывать) foretell
предста́вить P (оста́вить)
представля́ть I (оставля́ть) present
преподава́ть I (дава́ть) teach
привезти́ P (ввезти́)
привести́ P (ввести́)
привлека́ть I attract
привле́чь P привлека́ть
приводи́ть I (вводи́ть) bring (someone)
привози́ть I (ввози́ть) bring by car
привыка́ть I become accustomed
привы́кнуть P привыка́ть
пригласи́ть P приглаша́ть
приглаша́ть I invite
пригото́вить P гото́вить
приезжа́ть I (въезжа́ть) come by car
прие́хать P (въе́хать)
признава́ть I recognize
призна́ть P признава́ть
прийти́ P приходи́ть
прилета́ть I (влета́ть) come flying
прилете́ть P (влете́ть)
принести́ P (внести́)
принима́ть I (занима́ть) accept
приноси́ть I (вноси́ть) bring (carry)
приня́ть P (заня́ть)
приобрести́ P (изобрести́)
приобрета́ть I (изобрета́ть) acquire
приходи́ть I come on foot
прове́рить P проверя́ть
проверя́ть I verify
провести́ P (ввести́)
проводи́ть I (вводи́ть) spend (time)
продава́ть I (дава́ть) sell
прода́ть P (дать)
продолжа́ть I continue
продо́лжить P продолжа́ть
проезжа́ть I (въезжа́ть) drive by
прое́хать P (въе́хать)
проигра́ть P (сыгра́ть)
прои́грывать I (вы́игрывать) lose (a game)
произнести́ P (внести́)
произноси́ть I (вноси́ть) pronounce
пройти́ P (войти́)
пропада́ть* I (па́дать) be lost
пропа́сть P (упа́сть)
прописа́ть P (записа́ть)
пропи́сывать I (запи́сывать) prescribe
проси́ть I request
просну́ться P просыпа́ться
прости́ть P проща́ть
прости́ться P проща́ться
простуди́ться P простужа́ться
простужа́ться I catch cold
просыпа́ться I wake up
проходи́ть I (входи́ть) walk past
прочита́ть P чита́ть
проща́ть I forgive
проща́ться I say farewell
пры́гать I jump
пры́гнуть P пры́гать
пря́тать I hide
путеше́ствовать I travel

рабо́тать I work
разбуди́ть P буди́ть
развлека́ть I (привлека́ть) distract

развле́чь P (привле́чь)
раздева́ть I (одева́ть) undress
раздева́ться I (одева́ться) get undressed
разде́ть P (оде́ть)
разде́ться P (оде́ться)
различа́ть I (отлича́ть) differentiate
различи́ть P (отличи́ть)
разорва́ть P (взорва́ть)
разраба́тывать I (зараба́тывать) develop
разрабо́тать P (зарабо́тать)
разре́зать P ре́зать
разруша́ть I destroy
разру́шить P разруша́ть
разрыва́ть I (взрыва́ть) tear to bits
рассерди́ться P серди́ться
рассказа́ть P расска́зывать
расска́зывать I narrate
рассма́тривать I (осма́тривать) consider
рассмотре́ть P (осмотре́ть)
расти́ I grow
рвать I tear
ре́зать I cut
реша́ть I solve
реши́ть P реша́ть
рисова́ть I draw
роди́ться P рожда́ться
рожда́ться I be born

сади́ться I sit down
сгоре́ть P горе́ть
сдава́ть I (дава́ть) rent (out)
сдать P (дать)
сде́лать P де́лать accomplish
серди́ться I get angry
сесть P сади́ться
сжечь P жечь
сиде́ть I be sitting
сказа́ть P говори́ть say
скрыва́ть I (закрыва́ть) conceal
скрыть P (закры́ть)
сле́довать I follow
слу́шать I listen
слы́шать I hear
смея́ться I laugh
смотре́ть I look at
смочь P мочь
снима́ть I (занима́ть) take off, photograph, rent
снять P (заня́ть)
собира́ть I (избира́ть) collect
собира́ться I (избира́ть) gather, intend
собра́ть P (избра́ть)
собра́ться P (избра́ть)
сове́товать I advise
создава́ть I (дава́ть) create
созда́ть P (дать)
сойти́ P (войти́)
сосчита́ть P (прочита́ть)
сохрани́ть P сохраня́ть
сохраня́ть I keep
спаса́ть I save
спасти́ P спаса́ть
спать I sleep
спеть P петь
спеши́ть I hurry
спо́рить I argue
спра́шивать I ask (a question)
спроси́ть P спра́шивать
спря́тать P пря́тать
спуска́ть I lower
спуска́ться I descend
спусти́ть P спуска́ть
спусти́ться P спуска́ться
ста́вить I place (upright)
станови́ться I become
стара́ться I attempt

стать P становиться
стóить I cost
стоя́ть I be standing
стричь I cut (hair)
стрóить I build
сумéть P умéть
сходи́ть I (входи́ть) get off, come down
считáть I (читáть) count
съесть P есть consume
сыгрáть P игрáть

танцевáть I dance
терпéть I endure
теря́ть I lose
теря́ться I be lost
трéбовать I demand

убегáть I (вбегáть) run away
убежáть P (вбежáть)
убивáть I kill
убирáть I (избирáть) tidy up
уби́ть P убивáть
убрáть P (избрáть)
уважáть I respect
увезти́ P (ввезти́)
увести́ P (ввести́)
уви́деть P ви́деть catch sight of
уводи́ть I (вводи́ть) take (someone) away
увози́ть I (ввози́ть) take away by car
уезжáть I (въезжáть) leave by car
уéхать P (въéхать)
у́жинать I have supper

узнавáть I (признавáть) find out
узнáть P (признáть)
уйти́ P (войти́)
уклáдывать I pack
укрáсть P красть
улетáть I (влетáть) fly away
улетéть P (влетéть)
уложи́ть P уклáдывать
умерéть P умирáть
умéть I know how
умирáть I die
унести́ P (внести́)
уноси́ть I (вноси́ть) carry away
упáсть P пáдать
услы́шать P слы́шать catch sound of
успевáть I have time
успéть P успевáть
устрáивать I arrange
устрóить P устрáивать
уходи́ть I (входи́ть) leave on foot
учи́ть I teach, learn
учи́ться I study

ходи́ть I walk
хотéть I want

целовáть I kiss

чи́стить I clean
читáть I read
чу́вствовать I feel

шумéть I make noise
шути́ть I joke

FOREIGN PHRASE BOOKS Series

Barron's new series gives travelers instant access to the most common idiomatic expressions used during a trip — the kind one needs to know instantly, like "Where can I find a taxi?" and "How much does this cost?"

Organized by situation (arrival, customs, hotel, health, etc.) and containing additional information about pronunciation, grammar, shopping plus special facts about the country, these convenient, pocket-size reference books will be the tourist's most helpful guides.

Special features include a bilingual dictionary section with over 2000 key words, maps of each country and major cities, and helpful phonetic spellings throughout.

Each book paperback, 256 pp., 3¾″ x 6″

ARABIC AT A GLANCE, Wise (2979-8) $5.95, Can. $7.95
CHINESE AT A GLANCE, Seligman, Chen (2851-1) $6.95, Can. $9.95
FRENCH AT A GLANCE, Stein (2712-4) $5.95, Can. $7.95
GERMAN AT A GLANCE, Strutz (2714-0) $5.95, Can. $7.95
ITALIAN AT A GLANCE, Costantino (2713-2) $5.95, Can. $7.95
JAPANESE AT A GLANCE, Akiyama (2850-3) $6.95, Can. $9.95
KOREAN AT A GLANCE, Holt (3998-X) $6.95, Can. $9.95
RUSSIAN AT A GLANCE, Beyer (4299-9) $5.95, Can. $7.95
SPANISH AT A GLANCE, Wald (2711-6) $5.95, Can. $7.95

BARRON'S

Barron's Educational Series, Inc.
250 Wireless Blvd., Hauppauge, NY 11788
Call toll-free: 1-800-645-3476, in NY: 1-800-257-5729
In Canada: Georgetown Book Warehouse, 34 Armstrong Ave.
Georgetown, Ont. L7G 4R9, Call toll-free: 1-800-247-7160

Books may be purchased at your bookstore, or by mail from Barron's. Enclose check or money order for total amount plus sales tax where applicable and 10% for postage and handling (minimum charge $1.75, Canada $2.00). Prices subject to change without notice.
ISBN PREFIX: 0-8120